Betrachtungen zur Psyche

Mein Vermächtnis

»Der Asphalt auf der Straße hat uns das Gehen zu leicht gemacht. Wir vergessen, in unsere unmittelbare Nähe zu schauen, auf die nächsten, folgenden Schritte. Statt dessen schweifen wir ab, in die Ferne, bauen Gedankenpaläste, leben schon darin – und beginnen uns darin zu verlieren. Der Weg unter unseren Füßen wird zur Farce, zum Hemmnis. Wehe, wenn in solchen Momenten der ansonsten so glatte, freie Weg kleine, doch zum Stolpern ausreichende Hindernisse aufweist«
Fritz Maroni, Freiburg, 15. April 1984

*

»Schau auf Deinen Weg! Auch wenn derjenige neben Dir schneller vorankommt; hast Du gerade eine steile Stelle vor Dir, schau auf Deinen Weg; denn Du bist es, der über Hindernisse stolpert.«
Fritz Maroni, Freiburg, 18. April 1984

*

»Man muss wissen, wozu man sich zählt, denn die Ignoranten sterben nicht aus.«
Unbekannt

*

»Allah gab uns die Zeit, von Eile hat er nichts gesagt.«
Islamisches Sprichwort

*

»Dass mein Rat heute vielleicht nur von einem, vielleicht von keinem befolgt wird, zieht seinem Wert nichts ab. Ein wirklicher Anfang wird immer nur von wenigen, vielleicht nur von einem gemacht.«
Mahatma Ghandi

Fritz Maroni

Betrachtungen zur Psyche

Verlag Thomas Biedermann

© 2008 bei Verlag Thomas Biedermann, Hamburg
info@buch-schmie.de
Alle Rechte vorbehalten

Gestaltung:
Thomas Biedermann

Abbildung:
Titelfoto: Füßli, Heinrich (der Jüngere), Der Nachtmahr, 1782, Frankfurt (Main), Freies Deutsches Hochstift, Frankfurter Goethemuseum © Bildarchiv Foto Marburg

Schriften:
Adobe Garamond Premier Pro, ITC Officina Sans

Druck:
Druckhaus Tolek, Mikołów, Polen

ISBN 978-3-9806256-8-5

Inhaltsverzeichnis

Vorwort 11
Angst- und Zwangsneurose 13
Psychoanalyse 21
Ambulante Psychotherapien 25
Psychosomatische Medizin 29
Stationäre Therapien 33
Familienverhältnisse 37
Es – Ich – Überich 43
Psychiater 49
Medikamente 53
Aggressionen 57
Glaube 63
Sexualität 67
Intellekt 73
Problemlösungen 75
E-Mail an eine Bekannte 79
Die Lösung meines Problems 85

Vorwort

Eigentlich habe ich mich mein ganzes Leben lang gequält. Ich habe zig stationäre Therapien durchlaufen. Aber ich bin immer wieder aufgestanden. Ich bin ein „Steh-auf-Männchen".

Manchmal – so beschreibe ich dies guten Freunden – „robbe ich mich auf Knien durch die Wohnung". Weil es mir für ein paar Wochen schlecht geht. Und ich „nichts mehr auf die Reihe bekomme". Und da will ich auch keinen Lebenspartner haben, mit dem ich zusammenlebe und der dies direkt mitbekommt. Weil dies viel zu belastend ist. Das soll niemand miterleben. Aus diesem Grund ist mir eine eigene Wohnung so wichtig.

Nur Menschen, die meine psychische Erkrankung kennen, zu denen ich Vertrauen habe und die meine Mitteilungen einstufen können, schildere ich dies. Aber es gibt nicht viele Menschen, die dies nachvollziehen und verstehen können. Aber ich kenne auch die Mechanismen, wie ich immer wieder langsam auf die Beine komme.

Jesus sagt im Neuen Testament: „Seelig sind, die da Leid tragen; denn sie sollen getröstet werden." (Mt 5, 4) Vielleicht kann ich mich da einreihen. Und erhalte auf diese Weise – mit meiner psychischen Erkrankung – meinen Segen. Meine Tante spricht in diesem Zusammenhang immer davon, dass jeder sein Päckchen hat, das er auf seinem Buckel mit sich schleppt. Das ist wohl wahr. Jeder hat seine Leiche im Keller. Und redet nicht darüber.

Ich mache Sie in diesem Buch mit einigen Gedanken von mir vertraut. Über die Psyche. Und über psychische Erkrankungen. Sie basieren auf einem 25-jährigen Leidensweg. Ich will Sie ermuntern und Ihnen sagen, dass ein Leben mit einer psychischen Erkrankung auch seine guten und glücklichen Seiten hat. Sie verstehen mehr vom Leben als andere, normale Menschen und können in Fällen, in denen eine ähnliche Erkrankung im Freundes- oder Verwandtenkreis auftaucht, viel besser damit umgehen. Manche Menschen können dies nämlich überhaupt nicht und sehr schnell fällt dann die Bemerkung, derjenige solle „sich zusammen reißen"!

Und ich gebe Ihnen – wenn Sie mit einer psychischen Erkrankung ähnliche Erfahrungen gemacht haben – den Rat: Geben Sie nicht auf! Niemals! Kämpfen Sie weiter! Und schlagen Sie sich durch. Um Ihr Leben zu leben. So schwierig es auch sein mag. Es wird immer irgendwelche Menschen geben, die sie lieben. Und wenn der Sensemann irgend wann hinter Ihnen steht, dann können Sie sagen: „Ich habe es versucht. Ich habe das Beste daraus gemacht. Es hat mich keiner nieder gerungen. Ich habe dieses Leben – auch mit Qualen – gelebt. Und ausgefüllt. Und es hat sogar Momente von Glück und Liebe gegeben. In einem ansonsten mühsamen Leben. Aber nur das zählt." Und das – Glück und Liebe – nehmen Sie mit hinüber in die andere Welt, wenn es soweit ist.

Angst- und Zwangsneurose

Mein Psychotherapeut hatte mir vor Jahren etwas Falsches mit auf den Weg gegeben. Er sagte, dass Zwänge immer „die ritualisierte Kontrolle von Aggression" seien. So wie früher primitive Kulturen, die in einem Ritus um den Totempfahl tanzten, um den Regengott für die neue ausgeworfenen Saat gnädig und milde zu stimmen. Jahrelang grübelte ich über versteckte Aggressionen nach. Die ich sicherlich auch hatte und habe. Aber bei einem letzten Besuch bei einem Psychiater, der sich sonst meiner nicht sehr gut angenommen hatte, fiel der Satz: „Zwänge haben immer etwas mit Ängsten zu tun. Immer!" Das hatte ich mir gemerkt. Und mich hinterfragt, ob und welche Ängste ich hatte.

Es ist ja auch verständlich – um bei diesem Beispiel zu bleiben –, dass in der Vorzeit der Menschheit die Menschen ihre Riten aus Angst vor den nicht verstandenen Naturgewalten durchführten. Um die Götter oder Dämonen hinter diesen Gewalten, die sie nicht verstanden, gnädig zu stimmen. So wie es heute Millionen von Zwangskranke tun, wenn sie ihre Kontroll-Rituale durchführen. Um ihre Ängste zu mildern und herunter zu schrauben.

Als ich mich hinterfragte, welche Ängste ich habe, wurde mir nach einiger Zeit klar, dass ich Angst habe, wenn niemand da ist. Oder niemand „für mich" da ist. Schwierige Situation, wenn man Single ist und alleine lebt. Schwieriger wurde es jedoch, als ich diese Angst nochmals hinterfragte. Ich kam langsam zu dem Schluss, dass meine Ängste mit einer Phase in meiner Kindheit zu tun hatten, als ich den Schritt des ersten Loslösens von meiner Mutter machte, als ich in den Kindergarten gehen sollte.

Meine Mutter hatte in dieser Zeit – was sie mir vor Jahren bestätigte – eine Depression. Sie war innerlich hohl, leer, vereinsamt und verzweifelt. Die Ursache dafür kenne ich nicht. Ich habe noch ganz leise Erinnerungen daran, dass sie früher – auch in einem Urlaub in einem Hotel – verzweifelt war, herumgelaufen ist und nicht wußte, wozu sie da sei und wozu das Leben überhaupt gut sei. Aber ihr Hausarzt – es waren die 60er Jahre, ein Begriff wie Psychotherapie war im Bürgertum gleichbedeutend mit „verrückt" – sagte ihr, sie solle sich zusammenreißen, sie haben einen Mann, Kinder und einen Haushalt. Dies tut sie nun schon ihr ganzes Leben lang. Um es zu meistern. Aber sie ist wie ein Roboter. Unverständlicherweise merken ihr andere Menschen das meistens nicht sofort an. Und ironischerweise habe ich mit 16 Jahren im Kunstunterricht beim Thema „Surrealismus" einen Roboter gezeichnet. Mir war damals nicht bewusst, dass ich meine Mutter zeichnete. Der Roboter zerstörte damals in meiner Federzeichnung mit einer Axt eine Weltkugel. Das war gleichbedeutend damit, dass meine Mutter meine ganze, eigene Welt zerstört hat.

Angst- und Zwangsneurose

Erschreckenderweise hat sie mir in jener Zeit das Geheimnis abverlangt, dass ich niemandem von dieser Depression, wie es ihr ging und was alles passierte, erzählen dürfe. Ich musste ihr das versprechen. Ein grausamer Vorgang, einem kleinen, hilflosen und zu beschützendem Kind ein solches Geheimhalten abzuverlangen – doch sie als Mutter, damals stärker und mächtiger als ich, konnte dies tun. Ich versprach es ihr. Heute, mit diesem Buch, breche ich dieses Geheimnis. Und tue dies wohl wissentlich. Als Erwachsener kann ich dies nunmehr tun, was mir als Kind nicht möglich war. Auch wenn ich dafür einige Schuldgefühle ertragen muss, die eigentlich gar nicht gerechtfertigt sind.

Meine Mutter erfüllte somit im Alltag ihre Pflichten. Aber sie war nicht echt und nicht authentisch. Noch heute, wenn ich mich erinnere, daß ich meine Mutter anschaue, sie etwas sagt, dann wild mit den Augen „flackert" und ich den Gedanken habe: „Sie sagt dies … aber sie meint etwas ganz anderes" – dann bekomme ich heute noch Angst.

Also, meine Mutter war physisch zuhause und anwesend. Also da. Aber sie war psychisch nicht anwesend und da. Also nicht „für mich da". Ich weiß nicht, wie ich dies als Kind erlebt habe und mit der Unsicherheit und Angst klar gekommen bin. Ich weiß nicht, wie ich es verarbeitet habe. Ich habe vermutlich die genetische Veranlagung, bei einer bestimmten Situation und bestimmten Erlebnissen mit einer solchen psychischen Krankheit zu antworten oder reagieren. Aber es musste eben dieser Auslöser hinzu kommen.

Anyway, meine Ängste bestehen darin, dass ich Angst habe, wenn niemand für mich da ist. Das hindert mich schon, wenn ich aus der Wohnung gehen will. Normalerweise hat ein Kind die Erfahrung gemacht: Mama ist für mich da und sie bleibt da, ich habe die Sicherheit und das Vertrauen – also kann ich auch kurz zum Nachbarn oder zum Bäcker gehen. Denn wenn ich nach Hause komme, ist Mama immer noch da.

Aber was ist, wenn dies nicht so ist? Wenn da eine Mama wartet, die man nicht einordnen kann? Die verunsichert und ängstigt? Und der man ja nicht einmal sagen kann, dass man Angst vor ihr hat, weil sie die erste Bezugsperson ist? Wie will man dies, was ich heute als Erwachsener formulieren kann, als 4-jähriges Kind der Mutter erklären? Vermutlich hätte ich nie die richtigen Worte gefunden. Weil ich auch Schuldgefühle hatte, dass ich dies meiner Mutter nicht sagen und sie damit nicht belasten durfte, weil es ihr ja selbst schlecht ging. Außerdem sollte ich ja machen, was sie mir sagte und ich konnte mich nicht dagegen nicht wehren. Meine Mutter hätte sicherlich alles von sich gewiesen und geleugnet. Weil auch sie Schuldgefühle wegen ihrer Verhaltensweise hatte. Damit wäre schließlich die Sache erledigt gewesen und nichts hätte sich geändert.

Eigentlich müsste ich mir eine neue Mutter kaufen, sie zuhause hinsetzen und sie schwören lassen, dass sie immer für mich da ist und auch da ist, wenn ich zurückkomme. Um diese Erfahrungen nachzuholen. Aber dies sind Phantasien. Viel mehr sollte ich versuchen, eine erwachsene Wut zu zeigen bei Personen, die vorgeben, sie seien für mich da, sind es in Wirklichkeit aber gar nicht. Wie einer meiner früheren Psychotherapeuten.

Da ich nun aber nie diese Sicherheit und das Vertrauen hatte, dass auf mich zuhause jemand wartet, der echt, lebendig, warm und mitfühlend ist, habe ich Ängste entwickelt. Und habe diese bei jedem Schritt, den ich heutzutage vor die Türe mache.

Ich muss als Kind relativ früh irgend etwas von mir „abgespalten" haben – eine Art zweites Ich, das ich als Reaktion auf die Depression und somit Bedrohung durch meine Mutter entwickelt habe und nicht integrieren konnte. Und habe ein merkwürdiges, leicht psychotisches Symptom entwickelt, das ich heute täglich habe. Da für mich nie jemand da war, den ich innerlich mitnehmen konnte, wenn ich außer Haus ging, habe ich einen Mechanismus entwickelt, dass ich andere Leute – so wie ich sie kenne – „in mich aufnahm". Es taucht dann in mir auf: „Ich bin der und der." Das ist keine Psychose oder Schizophrenie, dass ich mich für jemand anderen halte. Es ist eher in der Art, „wie wenn es so wäre". Also pseudohaft. Wenn dann jemand „in mir drin" ist, dann ist es ja „fast so", wie wenn jemand real da ist. Irgendwie habe ich dann als Kind dem Ganzen unbewusst – wie einem Kochtopf – „einen Deckel aufgesetzt", damit ich diesen ganzen Irrsinn nicht spürte – und konnte damit überleben! Heute habe ich die Schwierigkeit, diesen Mechanismus abzulegen und dagegen auszutauschen, wenn jemand real für mich da ist. Das ist schwierig.

Außerdem sind diese Ängste die Zeit der Zwänge – ein anderer Mechanismus. Zwänge sind tatsächlich immer nur mit Angst und Unsicherheit verbunden. Ob Zwangshandlungen oder Zwangsgedanken. Sie kontrollieren die Ängste, damit sie nicht zu groß werden und man die Kontrolle nicht vollkommen verliert. Denn sonst käme ich nicht mehr aus dem Haus. Und daher habe ich manchmal Zwänge entwickelt, dass ich zu Tür gehe und wieder zurück, und wieder zur Tür und wieder zurück usw.. Bis ich auf irgend eine Weise mit dem Intellekt die Zwänge austricksen kann, vor die Türe komme und entweder einkaufen gehe oder ins Auto steige und irgendwo hin fahre. Aber das geht nicht immer so. Manchmal sind die Ängste und Zwänge so stark, dass ich auch Termine absagen muss. Das ist auch schon vorgekommen.

Zwänge sind quälend. Es scheint, als sei das Gehirn dafür ausgelegt und ausgerüstet. Man möchte gern etwas tun und freut sich darauf – und aufgrund der Angst und der Zwänge kann man es nicht tun. Der Intellekt sagt natürlich, dass das alles nur Blödsinn sei, was im eigenem Kopf vorgeht – das ist klar. Fast alle Zwangskranke können dies so einordnen, dass die Zwänge eigentlich kompletter Nonsens sind. Und sie eigentlich etwas anderes tun könnten. Nur – die Zwänge sind da und lassen sich meistens nicht ablegen. Manchmal sind Zwänge so stark, dass

Angst- und Zwangsneurose

man den Zwang – wie von jemandem ein befehlendes „Du musst aber …!" – richtig im Kopf spürt. Es drückt im Gehirn und lässt keine normale Reaktion zu. Dann kann man das, was man sich so sehr wünscht, nicht durchführen – und gibt dem Zwang nach. Dann hat der Zwang die Kontrolle und nicht man selbst.

Ich habe bei meinen Zwängen gute Erfahrungen mit einem Psychopharmakon gemacht. Es war ein Antidepressivum. Das nahm ich einige Wochen, bis sich ein Wirkspiegel aufgebaut hatte. Und siehe da, einige Zwänge, die ich im normalen Alltag beim Weggehen oder Einkaufen hatte, waren verschwunden. Der Zwang im Kopf war weg. Psychiater erklären dies gern damit, dass der Botenstoffwechsel im Gehirn verändert wird und die Reizweiterleitung besser funktioniert. Da ich zu der Zeit aber schon lange ein anderes Psychopharmakon nahm und mir zwei davon auf Dauer eine zu große Belastung für meinen Körper waren, setze ich nach einiger Zeit das Antidepressivum wieder ab. Und glücklicherweise blieben die Erfahrungen und Verhaltensänderungen, die ich machte, als ich das Medikament einnahm, auch weiterhin, als ich es dann weg ließ. Es hatte sich eine positive Veränderung in meinem Alltag ergeben. Das ist mir selten passiert. Solch ein Medikament kann somit auch die Lebensqualität verbessern.

Ein Bekannter von mir hat Zwänge in Form von Zwangsgedanken. Aber auch sie beruhen auf Unsicherheit und Angst. Ihm wurde in einer Klinik die Diagnose „aggressionsgehemmt" erteilt. Und dies stimmt auch. So gut wie nie erlebe ich ihn ärgerlich. Nie wütend. Er ist ein Kopf-Mensch, der alles rational verarbeitet und sich stundenlang mit jemandem unterhalten kann. Aber jemandem einmal aggressiv kräftig auf den Fuss zu treten – nein!

Bei ihm reicht es, wenn zwei „Türdrücker" vor der Wohnungstür stehen und ihm den neuesten Telefontarif aufschwatzen wollen. Nachdem er sie abgewimmelt hat, ist er verunsichert über den Ablauf des Gesprächs. Er weiß nicht mehr, ob er den Leuten an der Tür Bankdaten gegeben oder etwas unterschrieben hat. Also ergeben sich bei ihm Zwangsgedanken, dass diese Leute sein Konto plündern wollen. Was tut er? Er geht drei Male zur Bank und lässt sich Kontoauszüge drucken, dass sein Geld noch da ist. Und am nächsten Tag malträtiert er am Telefon zig Male den Mitarbeiter bei der Bank, dass auch ja nichts Schlimmes passieren kann.

Es passt ebenfalls gut zu ihm, dass er als Aggressiongehemmter früher sehr oft Zwangsgedanken hatte, er hätte jemandem etwas angetan. Ihm etwa ein Heißgetränk übergeschüttet oder ihn mit einem Messer verletzt. Manchmal drücken die Zwänge auch etwas aus, das man in seinem normalen Leben nicht integriert hat, nicht lebt und ein Fingerzeig dafür sind, wie man eigentlich sein sollte. Nein, natürlich keine Verletzungen gegenüber Anderen, aber doch normale Aggressionen wie Ärger, Zorn, Wut und Haß im Alltag. Wie sie jeder Mensch hat.

Psychoanalyse

Meine erste Therapie, die ich machte, war eine Analyse. Ich hatte mir bewusst eine Frau als Therapeutin ausgesucht, da ich wusste, dass eine Menge meiner Probleme mit meiner Mutter zusammen hingen. Die Therapie machte ich vor 25 Jahren, etwa ein Jahr lang und ganz klassisch: 3 Stunden pro Woche im Liegen auf der Couch, und die Analytikerin saß hinter mir in einem Sessel. Ich war somit Analysand.

Wer eine solche Therapie noch nicht gemacht hat, wird erstaunt sein über das Prozedere. Das Hauptaugenmerk in der Analyse liegt auf dem freien Assoziieren. Man liegt auf der Couch und schildert, was einem zu bestimmten Problemen einfällt. Ohne Zensur. Man kann also einfach drauflos plappern.

Wenn man dies eine Weile gemacht hat, kann man es auch alleine machen, um bei Problemen weiter zu kommen. Also eine Hilfestellung für sich selbst. Erstaunlich war die Art und Weise, in der die Therapeutin mit mir umging. Sie sagte zu mir, ich könne bei ihr noch ausbacken wie in einem Backofen. Also Verschiedenes nachholen und damit reifen. Ein schöner Gedanke und ein stimmiges Bild. Einfach noch mal das Brot ein wenig länger im Ofen backen lassen, dass ein gute Ergebnis heraus kommt.

Betrachtungen zur Psyche

Erstaunlich war auch, dass diese Therapieform wirklich eine Methode ist, die das Bewußtsein und die Psyche radikal umkrempelt. Nicht so, wie es in einer Verhaltenstherapie ist. Dort geht der Therapeut davon aus, dass erlerntes Verhalten auch wieder verlernt und neues Verhalten neu erlernt werden kann. Das greift in den meisten Fällen zu kurz. Und ist nicht immer realisierbar. Beide Therapieformen können Erfolge aufweisen. Die Verhaltenstherapie kann dies bei bestimmten Erkrankungen sicherlich in einer kürzeren Zeit bewerkstelligen. Die Psychoanalyse braucht länger. Aber sie ist tiefgreifender.

Auch wenn es mit meinen eigentlichen Problemen nicht viel zu tun hatte, merkte ich nach einiger Zeit, dass ich keine großen Probleme mehr hatte, mir meine Verwandschaftsverhältnisse mit Nichten, Cousins, Tanten und Onkels vorzustellen. Vor der Analyse hatte ich damit immer Schwierigkeiten. Ich konnte es mir nicht richtig vorstellen. Nun ging es auf einmal. Da hatte die Therapie also wirklich tiefgreifend in meine Psyche eingegriffen.

Die Therapeutin reagierte auch in einer bestimmten Situation erstaunlich. Als ich bei einer Frage nicht weiterkam, sie ansprach, was sie dazu meinte und fragte, was sie vorschlagen würde, war ihre Antwort: „Ich kann Ihnen da nichts raten, ich weiß nicht, auf welche Problemlösung Sie selbst kommen!" Das ist wirklich ein großes Vertrauen in den Patienten selbst und in dessen Kompetenz und Selbsthei-

Psychoanalyse

lungskräfte. Und in seine Mündigkeit. Eine ganz andere Herangehensweise als das, was ich später mit Psychiatern erfahren musste.

Die Therapie verlief ein Jahr recht gut. Dann gab es jedoch Probleme, die mit einer einzigen Sache zu tun hatte, an die ich mich noch gut erinnere. Bei einer Sitzung – meine Therapeutin saß wie immer hinter mir – fragte ich mich plötzlich, ob sie noch da sei. Ich sagte ihr dies. Von ihr kam keine Antwort. Damit war aber ein wesentlicher Punkt erreicht, mit dem ich Probleme haben sollte. Komischerweise war die Frage unsinnig, denn meine Therapeutin hätte den Raum nie verlassen können, ohne dass ich es gesehen hätte. Also eine unsinnige Frage. Es hing mit etwas anderem zusammen. Die Herkunft der Frage kam aus der Erfahrung mit meiner Mutter, die psychisch nie da, sondern hohl, leer und wie ein Roboter war. Das übertrug ich in jenem Moment auf meine Therapeutin. Ich stellte fest, dass ich kein Gespür dafür hatte, ob jemand da und anwesend ist oder nicht. Also als Persönlichkeit und in seiner Authentizität.

Nach dieser Situation ging es mit der Therapie rapide bergab. Wir versuchten, das Ganze zu retten, indem ich die Therapie im Sitzen – der Therapeutin gegenüber – fortführte. Damit ich sie sehen konnte und wusste, dass sie da war. Aber es half nichts. Am Ende begab ich mich zum ersten Mal in eine stationäre Therapie, die mir dann weiterhelfen sollte.

Ambulante Psychotherapien

Ich habe in meinem Leben einige ambulante Psychotherapien gemacht. Es ist immer gut, wenn man seine Krankheit ambulant behandeln kann, damit man seinen normalen Alltag weiterführt und aus diesem nicht herausgerissen wird. Stationäre Therapien sind meistens nicht so geeignet und sollten die letzte Hilfsmöglichkeit sein. Man sollte sie nur wählen, wenn man mit seinem Alltag nicht mehr zurecht kommt.

Die Psychoanalyse habe ich im vorigen Kapitel gesondert beschrieben. Vor 15 Jahren habe ich auch eine mehrjährige tiefenpsychologische Therapie bei einem Psychoanalytiker und (Kinder-)Psychiater gemacht. Es war keine Analyse, sondern eine tiefenpsychologisch orientierte Therapie. Das bedeutete: ein Termin pro Woche und im Sitzen. Die Therapie hat mich damals eine ganze Weile gut stabilisiert. Und hat mir über die Jahre hinweg geholfen. Lösen konnte ich meine Probleme jedoch nicht. Mir war damals auch nicht bewusst, dass ich eine Angst- und Zwangsstörung hatte, da ich noch eine andere Diagnose hatte: „Borderline" hieß es, weil keiner der Psychiater oder Therapeuten meine Krankheit einstufen konnte. Typisch.

Die Therapie zeigte mir allerdings im Laufe der Jahre, dass ich nicht weiterhin in Freiburg – wo ich damals lebte – weiterleben wollte. Daraufhin orientierte ich mich anderweitig und beschloss, nach Norddeutschland zu ziehen. Auch solche gravierenden Änderungen und Entscheidungen, seinen Wohnort zu wechseln, sich von seinem Partner zu trennen oder den Beruf zu wechseln, ergeben sich. Das ist das Resultat mancher Therapie. Man verändert seine Einstellungen, Interessen und Verhaltensweisen. Auch wenn man die Krankheit nicht direkt heilen kann.

Die Fortsetzung der tiefenpsychologisch Therapie in Norddeutschland brachte keinen weiteren Erfolg. Aber auch sie hatte den Vorteil, dass sie mich im Alltag stabilisierte und ich die Behandlung weiter ambulant fortführen konnte. Weitere stationäre Therapien blieben mir also erspart.

Nachdem ich es eine Weile ohne eine ambulante Therapie versucht hatte und die Diagnose mittlerweile in eine Angst- und Zwangsstörung geändert war, kam ich auf die Idee, etwa ganz anderes zu versuchen. Da ich wusste, dass ich primär unter Ängsten litt und die Zwangshandlungen nur zur Kontrolle sekundär „über" den Ängsten saßen, kam mir der Gedanke an eine Verhaltenstherapie. Sie wurde als sehr hilfreich bei der Behandlung von Ängsten empfohlen. Eigentlich hatte ich aufgrund früherer Erfahrungen mit einer Verhaltenstherapie schlechte Erinnerungen daran, dass sie nicht viel bewirkte. Aber ich dachte mir, es zu versuchen und zu schauen, ob ich Erfolge verzeichnen konnte.

Verhaltenstherapeuten gehen mit einem anderen Hintergrund an psychische Erkrankungen heran als Tiefenpsychologen oder Analytiker. Das Unterbewusstsein und die Verdrängung ist bei ihnen sekundär. Sie setzen auf die Lehrmeinung, dass alles, was ge-lernt worden sei, genauso wieder ver-lernt werden könne. Und dann neues Verhalten ebenfalls wieder ge-lernt werden könne.

Diese Lehrmeinung hat ihre Berechtigung, auch wenn sie einen Großteil einer psychischen Erkrankung ausklammert. Aufgrund meiner Erkrankung ließen sich die Ängste und Symptome nicht einfach mit einer Konfrontationssituation verlernen. Dazu saßen sie zu tief, waren zu massiv und hatten manchmal einen schon leicht psychotischen Charakter. Daher entwickelte sich die Verhaltenstherapie immer mehr zu einer Gesprächstherapie. Es war erstaunlich, dass der Therapeut darauf einging und sich die Therapie so entwickeln ließ. Aber auch sie stabilisierte mich über zwei Jahre hinweg im Alltag, was ich auch schon als Erfolg verbuchte.

Nach einem mit Ängsten und Zwängen durchstandenen Umzug – durch den ich mich hindurchgequält hatte – entschied ich mich, die Therapie zu beenden. Sie hatte nach zwei Jahren keine weiteren Erfolge gebracht. Außerdem waren die Stunden, die die Krankenkasse bewilligte, abgelaufen. Ganz spektakulär war jedoch die Reaktion meines Therapeuten zur meiner Beendigung der Therapie. Er eröffnete mir, dass er mir nicht helfen könne. Er verstehe meine Ängste nicht und könne sich nicht in sie hineinversetzen. Es tue ihm leid!

Seitdem stehe ich ohne ambulante Therapie allein auf weiter Flur und bin mit meiner Erkrankung allein. Aber auch dies bewältige ich in irgend einer Weise.

Psychosomatische Medizin

Psychosomatische Medizin ist eine interessante Sache. Ich habe damit auch schon Erfahrung gemacht und kenne eine körperliche Erkrankung von mir, die definitiv psychischer Natur ist. Um dies zu erklären, muss ich auf den Begriff der „Analogie" ausweichen: „Analogie (…) bezeichnet" einen Vorgang, „in welchem ähnliche Strukturen oder Zusammenhänge in einen Zusammenhang gestellt werden." Die Analogie „wird häufig dazu verwendet, sich schon bekannte Informationen aus einem vergleichbaren Sachzusammenhang, oder auch einen in einem vergleichbaren Zusammenhang bereits gefundenen Konsens, zur Veranschaulichung eines anderen Zusammenhanges (…) zunutze zu machen."(http://de.wikipedia.org/wiki/Analogie_%28Rhetorik%29, 08.12.2007)

Meine Mutter hat aufgrund ihrer eigenen Erkrankung in einer Weise auf mich eingewirkt, dass sie meine persönlichen Grenzen als Kind und Jugendlicher nie akzeptierte und systematisch „einrannte" – ob jetzt von ihrer Seite aus bewusst oder unbewusst. Sie drang also psychisch in mich ein, indem sie – wie bei einer Burg mit Mauern – diese einrannte. Es ist ein schlimmes Erlebnis, wenn die eigene Mutter die Grenzen eines Kindes nicht akzeptiert, diese dauernd übergeht und in das Kind eindringt. Ich rede nicht von einem physischen Eindringen, wie es bei einem sexuellen Missbrauch vorkommt. Nein, das ist nicht vorgefallen. Wenn mir als Erwachsener jemand zu nahe tritt, sich nur 10 cm von mir entfernt positioniert, mich nicht beachtet und einfach draufloslabert, was mache ich dann? Ich bitte ihn, mir nicht so nahe zu kommen, ein wenig Abstand zu halten und dann sein Anliegen nochmals angemessen vorzubringen.

Wenn man mit einer kranken Mutter aufwächst, ist man als Kind manchmal nicht in der Lage, sich in solchen Situationen adäquat zu wehren. Ich weiß nur, dass ich mich damals ausgeliefert und ohnmächtig gefühlt habe. Aber ich konnte mich nicht wehren. Wenn ich wütend geworden wäre und mich zur Wehr gesetzt hätte, wäre das nicht verstanden und akzeptiert worden.

Dieser Vorgang: „Grenze überschreiten – Eindringen – Gefühl der Ohnmächtigkeit" muss sich bei mir als Kind irgendwann verselbständigt haben ... und tauchte in das Körperliche ab. Der Vorgang auf körperlicher Ebene war eigentlich der Gleiche, nur lief er unbewusst ab. Mir waren damals die Abläufe nicht bekannt, ich erarbeitete sie mir erst im Erwachsenenaltern.

Die Gegenspieler waren nun leider die Ärzte. Diese haben im Alltag und bei Untersuchungen mit dem menschlichen Körper und seiner Grenze nach innen und nach außen – der Haut – zu tun. Es verging damals wirklich keine Blutabnahme, keine Betäubungsspritze beim Zahnarzt und keine Impfung mit Spritze, bei der ich nicht kollabierte. Das war auf der körperlichen Ebene das Pendant zum psychischen Vorgang: Ohnmächtig werden und kollabieren.

Psychosomatische Medizin

Körperlich war der Vorgang dann der Folgende: „Jemand akzeptiert meine Grenzen nicht (meine physische Haut) – er dringt in mich ein, indem er eine Nadel in mich hineinsticht – ich fühle mich ohnmächtig, kann mich nicht wehren und ... kollabiere." Eine Analogie par excellence.

Die Arztbesuche waren sinnvoll und mussten getan werden. Genauso wie die Zahnarztbesuche. Aber den unbewusst ablaufenden Mechanismus konnte ich nicht abstellen. Ich versuchte alles, angefangen mit der Einnahme von Kreislauftropfen 30 Minuten vor der Blutabnahme bis zum Lösen von mathematischen Rechenaufgaben im Kopf, um mich abzulenken. Nichts half. Sogar mit 30 Jahren bin ich noch kollabiert, als mir ein eitriges Ekzem in der linken Wange mit einem Messer aufgeschnitten und desinfiziert werden musste. Beschämenderweise pinkelte ich mir dabei noch in die Hose, da bei einer Ohnmacht die Schließmuskel nicht mehr automatisch funktionieren. Auch das hatte ich als Kind mehrere Male erlebt.

Langsam – mit dem Alter – schaffte ich es dann aber, Spritzen auszuhalten und nicht zu kollabieren. Man sagt ja: „Die Zeit heilt alle Wunden." Leider klappt das auch nicht immer. Aber ich wurde mir im höheren Erwachsenenalter immer mehr der Abläufe bewusst. Und ich konnte realisieren, dass ich als Erwachsener nicht mehr hilflos wie ein Kind vor der Situation stehen muss. Meine adäquate, erwachsene Reaktion war: Wut! So, wie ich früher schon hätte reagieren sollen.

Betrachtungen zur Psyche

Nun kann ich keinem Arzt einfach wütend ins Gesicht schlagen, wenn er mir Blut abnimmt. Er macht ja nur seinen Job. Und es dient mir selbst, um Krankheiten zu erkennen. Aber zumindest bin ich mittlerweile so weit, dass ich im Wartezimmer eines Zahnarztes regelrecht wütend bin und mich beim Bohren oder bei Betäubungsspritzen zurückhalten muss, um den Zahnarzt nicht an die Wand zu nageln und zu sagen: „He, Alter, wenn Du mich noch einmal anfasst …!" Außerdem muss ich weder den Arztbesuch, den Arzt noch das ganze Prozedere und die Untersuchung mögen. Der Arzt macht nur seinen Job. Fertig. Eine gewisse Ablehnung und Abgrenzung meinerseits aufgrund meiner persönlichen Erfahrungen in meiner Kindheit muss er akzeptieren. Das letzte Blutabnehmen bei meinem Arzt ging jetzt auch problemlos. Nur wäre ich vor Wut beinahe auf die Arzthelferin losgegangen …

Leider schaffe ich es noch nicht, die Erfahrung, dass jemand psychisch in mich eindringt, von dem körperlichen Eindringen eines Arztes, wenn es notwendig ist, zu trennen. Dazu ist dies zu sehr in mir verankert. Vielleicht muss ich in nächster Zeit ein Augenmerk darauf haben, wenn dies jemand im Alltag macht: Grenzen überschreitet und in mich eindringt. Dann muss ich ihm verbal gehörig einen vor den Latz knallen, meine Grenzen wiederherstellen und ihn zurückweisen. Damit ich irgendwann die psychische Reaktion von der physischen trennen kann.

Stationäre Therapien

Stationäre Therapien habe ich einige durchlaufen. Vor zig Jahren war ich für einige Zeit in der offenen Abteilung der Psychiatrie in einem Krankenhaus. Da mir die Therapieangebote nicht zusagten, versuchte ich, abzuhauen. Ich schaffte es aus irgendwelchen Gründen nicht, mich einfach formell bei der Leitenden Ärztin selbst zu entlassen. Irgendwie schaffte ich es am Schwesternzimmer vorbei, in dem das Pflegepersonal saß und ein Auge auf die Patienten hatte. Und fuhr nach Hause. Mein Bruder musste dann später meine Kleidung und die anderen Utensilien abholen.

Da es mir die nächste Zeit nicht besser ging, landete ich wieder in diesem Krankenhaus – diesmal allerdings in der geschlossenen Abteilung. Nach vier Woche – als es mir wieder besser ging – entließ ich mich einfach selbst.

Ich hatte schon Jahre zuvor die Erfahrung gemacht, dass man sich eine Klinik sehr sorgfältig aussuchen muss. Ich war kurzfristig in zwei Kliniken – eine bei Freiburg und eine in der Nähe von Stuttgart. In der Klinik in der Nähe von Freiburg legte man mehr Wert darauf, dass man einen guten Koch hatte, der den Patienten ein sehr gutes Essen bot. Ich habe tatsächlich in keiner anderen Klinik ein besseres Essen erhalten. Die Therapie aber brachte nichts, ich entließ mich und glücklicherweise regelte sich einiges an meinen Problemen zuhause „wie von selbst".

Betrachtungen zur Psyche

Die andere Klinik in der Nähe von Stuttgart bot keine Möglichkeit, mit dem Pflegepersonal tagsüber einen Termin für ein Gespräch zu vereinbaren. Ich entschied mich, das Therapieangebot vier Woche anzunehmen. Und sagte mir, wenn ich in dieser Zeit keine Besserung erfahren sollte, dann würde ich wieder gehen. Was ich nach vier Wochen dann auch tat, denn es ging mir nicht besser. Aus diesem Grund sollte man sich – auch wenn es bei Kliniken lange Wartezeiten gibt – sehr gut vorher informieren, wo man sich aufnehmen lässt und wie die Therapiebedingungen dort sind.

Ich durchlief auch einmal eine Odyssee mit mehreren Stationen in einem anderen Krankenhaus, das einen sehr guten Ruf hat und nicht nur eine psychiatrische Abteilung, sondern auch psychotherapeutische Abteilungen hat.

Wie es in Krankenhäusern so ist: Man unterhält sich die ersten Wochen mit den anderen Patienten – um sich kennenzulernen – über die eigene Erkrankung und die alltäglichsten Dinge. Dann geht man auf das Intimere über und redet über's Ficken. Wir hatten es bei einem meiner Aufenthalte so weit getrieben, dass wir aus einem Erotikmagazin Fotos von Models mit dicken Brüsten an die Glastür unseres Aufenthaltsraumes geklebt hatten. Wir haben uns herrlich amüsiert, wenn jemand am Aufenthaltsraum vorbeilief und mit den Fotos konfrontiert wurde. Köstlich! Bis die Pflegeleitung durchgriff und uns aufforderte, die Fotos zu entfernen.

Stationäre Therapien

Mit einigen Mitpatienten habe ich auch an einem Wochenende einen Sonntagsbrunch mit Sekt veranstaltet – trotz strikten Alkoholverbots in der Klinik. Schließlich waren einige Patienten in der Klinik, die trockene Alkoholiker waren und nicht mit Alkohol konfrontiert werden sollten. Wir genossen den Brunch und versteckten die leeren Sektflaschen unter der Spüle im Aufenthaltsraum. Bis die wöchentliche „Inquisition" kam, alles durchcheckte und die leeren Sektflaschen fand. Das gab eine direkte Abmahnung seitens des therapeutischen Personals mit dem Hinweis, bei Wiederholung müsse man die Klink verlassen.

Mein Dilemma bei diesen Klinikaufenthalten war meine Angst, wenn niemand da ist. Ich also alleine bin. Das war mir damals aber nicht bewusst. Daher ging es mir nach einiger Zeit in der Klinik immer sehr gut – es war ja immer jemand da. Es gab auch meistens die Möglichkeit, jederzeit mit jemandem vom Pflegepersonal einen Termin für ein Gespräch zu vereinbaren. Nur: In dem Moment, wenn ich entlassen war und in die alte Situation in Freiburg zurückkam, wo eben nicht immer jemand für mich da war, brach ich wieder ein. Es ging mir schlecht und ich kam nicht mit meinem Alltag klar. Daher landete ich meistens nach einem viertel oder halben Jahr wieder in dieser Klinik. Das Ganze ging dann solange, bis der Leiter der Station von mir verlangte, dass ich einwilligte, bei meiner nächsten Entlassung an meinem Wohnort in eine Tageslinik zu gehen. Ich würde den Tag in einer ambulanten Klinik und die Nacht zuhause verbringen.

Betrachtungen zur Psyche

Es kostete mich einige Anstrengung, dies zu bewerkstelligen. Aber es gelang mir und so kam ich dann ohne weitere stationäre Therapie im Alltag langsam auf die Beine.

Stationäre Therapien haben somit ihre Schwachstellen – nämlich, wenn man sich in ihnen besser fühlt und zurecht kommt als in seiner eigenen Wohn- und Lebensumwelt, wo man hingehört. Deswegen sind stationäre Therapien auch immer mit Vorsicht zu genießen. Sie schaffen für den Patienten eine künstliche Umwelt, die nicht der realen Umwelt mit ihren Erwartungen und Anforderungen am Wohnort entsprechen. In einer Klinik wird einem fast alles abgenommen – sei es das Arbeiten und Geldverdienen, die Gänge zu Behörden, das Einkaufen, das Essenkochen oder andere Dinge. Die realen Gegebenheiten, für die man sich anstrengen muss, gibt es dort nicht. Auch wenn vielleicht versucht wird, manche Dinge wie Wäschewaschen in der Waschmaschine auf der Station relativ realitätsnah zu gestalten – vieles fällt jedoch weg, man wird entlastet und es ist irgendwie nicht mehr realitätsnah. Die Klinik beschützt und versorgt einen wie eine „Mutter".

Mit gelang es schließlich, über die Tagesklinik Fuß zu fassen in der realen Welt … und war seitdem nicht mehr in einer Klinik. Dies ist jetzt 14 Jahre her. Und ich werde mit Sicherheit auch nicht mehr in so einer Klinik zu finden sein …

Familienverhältnisse

Ich lebe in einer verlogenen Familie. Nicht meine direkte Familie, also mein Sohn und meine Ex-Frau. Die sind okay. Mein Sohn lebt bei seiner Mutter, die sich von mir hat scheiden lassen, in Freiburg. Sie ist alleinerziehende Mutter. Mein Sohn geht in die zweite Klasse, ist schlau, hat einen starken Willen und manchmal den Dickkopf, den ich ihm vererbt habe. Aber er wächst gut und behütet auf und dürfte nicht zu Schaden kommen. Mit Familie meine ich eher meine Eltern, Geschwister und die nahen Verwandten wie Großeltern, Tanten und Nichten usw. Da hat sich früher in meinem Umfeld einiges abgespielt bzw. spielt sich immer noch ab.

Meine Mutter hat mir früher erst nach mehrfachem Nachhaken erzählt, dass sie früher – als ich ein Kind war – depressiv war. Ich fragte sie das, als ging es mir nicht gut und ich stationär in einer Klinik war. Aber als sie mir dies gebeichtet hatte, war ich dennoch froh, denn es deckte sich mit meinen Erinnerungen an jene Zeit.

Erst mit 18 oder 19 Jahren erfuhr ich von meiner Mutter, dass mein Vater nicht der leibliche Sohn seiner Eltern, also meiner Großeltern väterlicherseits, ist. Sondern mit wenigen Jahren im Kindesalter adoptiert worden ist. Erst als ich volljährig war, sah man sich in der Lage, mir dies zu eröffnen. Warum spricht man über so etwas nicht früher ? Mein Vater wusste, wo seine leibliche Mutter wohnte. Er wollte sie jedoch nie persönlich kennen lernen und war zu einem Besuch nicht zu bewegen. Dass die Großeltern väterlicherseits somit nicht direkt meine Großeltern waren – also genetisch verwandt –, schmälerte meine Beziehung zu ihnen nicht. Sie waren nach wie vor meine Großeltern, da ich sie liebte.

Eine verstorbene Tante, eine ältere Schwester meiner Mutter, hatte einen Putzzwang. Sie putzte drei Male am Tag ihre Wohnung – zwanghaft. Auch dies erfuhr ich erst spät im Erwachsenenalter.

Meine geliebte, verstorbene Großmutter väterlicherseits hatte im Alter eine Alterspsychose. Sie wurde zwar 90 Jahre alt, wobei sie wegen diverser Erkrankungen täglich Unmengen von Tabletten nehmen musste. Aber im Alter war sie manchmal etwas durcheinander. Es war keine Demenz oder Alzheimer. Die Ärztin sprach von einer Psychose. Ich hatte einen guten Kontakt zu ihr und besuchte sie häufig zum Kaffeetrinken. Es war manchmal lustig. Ich kam in ihre Wohnung und sie sagte ganz ernsthaft zu mir: „Also, Du kannst ja gerne abends bei mir im Badezimmer baden, aber Du solltest dann auch hinterher die Sauerei wieder aufwischen!" Das war ihr voller Ernst. Nur – ich hatte bei ihr nicht gebadet! Es gab noch mehrere solcher Kuriositäten, die ich aber lächelnd auf die leichte Schulter nahm, sie zu verstehen versuchte und dann wieder zum normalen Alltag überging. Denn dann konnte man wieder ganz normal mit ihr reden. Da dies eine Psychose im hohen Alter war und eigentlich nicht direkt etwas mit unserer Familie zu tun hatte, ordne ich sie den anderen hier aufgeführten Berichten nicht direkt zu.

Mein Bruder ging wegen Eheproblemen mit seiner Frau mit seiner Sekretärin fremd. Nun, das tun viele Männer. Und die Schuld ist sicherlich nicht nur bei ihm zu suchen. Da gehören eben zwei – Eheleute – dazu, dass so etwas passiert. Dass sich meine Ex-Schwägerin dann scheiden ließ, ist auch verständlich. Ungewöhlich aber die Reaktion meines Bruders, mit einem Gewehr in den Wald zu gehen, zu versuchen, sich das Hirn aus dem Kopf zu schießen – aber glücklicherweise rechtzeitig vorher noch gefunden wurde, bevor er abdrückte.

Bedenklich auch, dass mein Bruder und seine Ex-Frau während ihres Ehelebens ein Haus hatten, das vor Sauberkeit nur so strotzte. Ich weiß nicht, wieviel Arbeit sie in das Putzen verwendeten. Oder wie oft eine bezahlte Putzfrau bei ihnen anrückte. Das Haus war immer makellos und piccobello sauber. Ich denke, Angewohnheiten wie ich sie habe, dass ich ein Stück Fleisch, wenn es mir aus der Pfanne auf den Küchenboden fällt, dennoch esse, waren dort nicht verbreitet.

Zu den zwanghaften Affinitäten, die unsere Familie hat, passte dann auch, dass beide einen Sammelzwang haben. Nun mag es mancher als ganz normal finden, wenn er Briefmarken oder ähnliches sammelt. Psychotherapeuten sehen dies anders. Sie ordnen eine Sammelleidenschaft in die Rubrik der Zwänge ein! Etwas behalten müssen und nicht loslassen können. Bei meinem Bruder – der beruflich viel in der Welt unterwegs ist – sind dies kleine, ca. 0,1 oder 0,2 l fassende Spirituosen aus aller Welt. Bei meiner Ex-Schwägerin sind es Sandproben von den Stränden, an denen sie jemals war.

Es ist nicht erstaunlich, dass deren jüngste Tochter, meine jüngere Nichte, seit ihrer Geburt eine Neurodermitis hat. Also eine Allergie. Da scheint sich das Zwanghafte und die Putzsucht schon genetisch manifestiert zu haben.

Kinder spielen gern im Schlamm, weil man Schlamm auch mit „Scheiße" vergleichen kann. Das kann jeder Therapeut bestätigen. Kinder spielen also gern mit ihren Exkrementen, weil dies etwas ist, das sie erzeugt haben und ihnen „gehört". Der Schlamm ist ein Pendant und Ersatz dafür. Und dann wird hemmungslos „drauflosgematscht". Das ist gut und wichtig so. Und sollten sie einmal etwas von dem Schlamm in den Mund bekommen – keine Sorge. Es stärkt das Immunsystem. Und macht sie fit für die alltäglichen Widrigkeiten. Ich hasse Werbung für Bakterien- oder Geruchskillersprays oder -lösungen. Sie machen es dem Kind unmöglich, ein natürliches Immunsystem aufzubauen und nicht krank zu werden, wenn es ein herunter gefallenes Bonbon nochmal in den Mund nimmt.

Vor zig Jahren lebte ich in einer Studenten-Wohngemeinschaft. Als ich eines Tages mit einem Spültuch das Geschirr abwusch, gleichzeitig dann aber auf dem gekachelten Küchenfußboden ein Dreckstelle wegwischte, gab es eine große

Familienverhältnisse

Aufregung in der Wohngemeinschaft. Eine Mitbewohnerin ärgerte sich darüber und war der Meinung, das Spültuch dürfe nur für das Geschirr, nicht jedoch in diesem Fall zusätzlich für den Boden benutzt werden.

Als ich die Mitbewohnerin 10 Jahre später nochmals traf, erinnerte sie sich an diesen Vorfall und sagte mir, sie müsse mir nachträglich Recht geben. Es sei in diesem Fall unerheblich gewesen, für was ich das Spültuch verwendet habe. Denn: Dreck ist Dreck! Das war eine nachträgliche Genugtuung für mich.

Die zwanghafte Putzsucht und Vermeidung von jeglichem Dreck ist ungesund und kann bei einem Kind zu einer Allergie oder einer Neurodermitis führen. Meine eigene Wohnung ist nie sauber im Sinne von steril. Sie ist immer ein wenig unordentlich und manchmal auch – zugegebenerweise – ungeputzt. Aber ich habe auch fast nie eine Grippe, Erkältung oder ähnliche Erkrankung. Ich schreibe dies meinem guten Immunsystem zu.

Last but not least ist meine ältere Nichte derzeit mit Magersucht in einer psychiatrischen Klinik. Essstörungen wie Magersucht sind sehr schwierig und kompliziert. Die Medien haben auch Schuld an diesen Erkrankungen, da sie dünne Frauen als ein Ideal in der Öffentlichkeit publizieren. Nicht ohne Grund hat es in letzter Zeit Todesfälle bei magersüchtigen Models gegeben. Und keine Frauenzeitschrift in der Regenbogenpresse kommt ohne mindestens eine neue Diät pro Ausgabe aus.

Zur Magersucht gehört anscheinend ein falsches Bild des eigenen Körpers aufgrund des in der Öffentlichkeit publizierten Ideals. Hohe Erwartungen und Anforderungen an sich selbst. Großer Ehrgeiz, was man leisten muss und erreichen will. Eine Einstellung, dass man sich nicht so viel wert empfindet wie andere. Magersüchtige haben wenig Zugang zu ihren Gefühlen, können sich nicht abgrenzen und „Nein" sagen. Sie wollen es allen Menschen Recht machen und fühlen sich für alles schuldig. Entsteht eine Konfliktsituation, die sie nicht meistern können, ziehen sie sich auf das zurück, was sie meinen kontrollieren zu können: ihren Körper. Sie versuchen zwanghaft, die – in anderen Bereichen – verlorene Kontrolle wiederherzustellen, indem sie hungern. Dies kann mit Selbstverletzung wie Schneiden in die Arme verbunden sein. Nur um die Kontrolle zu behalten. Somit auch eine Erkrankung mit zwanghaftem Hintergrund.

Wie ich schon sagte: Jeder hat seine Leiche im Keller. Es wird nur nicht darüber geredet. Das hasse ich wie die Pest: Wenn man über diese Sachen nicht redet und „Trautes Heim – Glück allein" und eine intakte Familie vorspielt. Man sollte so ehrlich sein, den Mund aufzumachen und mit seinen Familienangehörigen über die Probleme zu reden. Dann kann man sie lösen. Verschweigt man sie und reißt sich zusammen, macht man es nur noch schlimmer. Man entkommt der Krankheit nicht.

Es – Ich – Überich

Ich muss jetzt ganz kurz auf Sigmund Freud zurückgreifen. Dessen Modell der Psyche mit den drei genannten Teilen ist mittlerweile auch in der normalen Bevölkerung angekommen. Das Es: Das Unbewußte, die Triebe und die Emotionen. Also das, was uns im Alltag nicht bewusst ist und nur in kurzen Augenblicken aus dem eben Unbewußten an die Oberfläche, gleich dem Ich, schießt. Seien es Gedanken, Erinnerungen oder Emotionen. Das Ich ist die Instanz, die das aktuelle Tagesgeschehen abzuwickeln versucht. Es hat Realitätsbezug. Und versucht, mit alltäglichen Anforderungen und Gegebenheiten zurecht zu kommen. Darüber angeordnet ist das Überich, das die kollektive Zusammenfassung aller Vorgaben aus Elternhaus, Schule, Ausbildungsstätte und sonstigen Sozialisierungseinrichtungen der Gesellschaft enthält. Also die „Dos" und „Don'ts", die ein normaler Bürger tun darf oder auch nicht. Die einem als Erinnerung an eventuelle Bevormundung der Eltern, der Schule oder des Ausbildungsbetriebes in Erinnerung bleiben und bei alltäglichen Situationen eingreifen.

Das Ich hat die schwierige Aufgabe, zwischen dem Es, dann dem Alltag mit seinen normalen Anforderungen wie Haushalt, Essen, Kleidung, Hygiene, Partnerschaft, Kinder und Job und dem sich einschaltenden Überich zu interagieren und den Realitätsbezug zu halten. Es bleibt zu hoffen, dass es ihm immer gelingt, die Balance zu halten. Greift zum Beispiel das Es zu stark ein, nennen dies die Psychologen „Regression". Man gibt seinen Urgefühlen nach, schreitet innerlich auf eine frühere Altersstufe in seiner Entwicklung zurück und schreit vielleicht einfach nur nach seiner Mutter. Das kommt bei manchen Menschen, wenn jemand aufgrund der Ereignisse zusammenbricht, in Extremsituationen wie Überfällen oder im Krieg vor. Jeder versucht auf seine Art, extreme Situationen zu bewältigen. Die einen schaffen es, die anderen nicht.

Eine Freundin sagte einmal: „Jeder Gedanke beruht auf einem Gefühl!" Das ist richtig. Manchmal schiessen mir Gedanken in den Kopf, die ich nicht verstehe. Dann ist mein Es tätig. Es beherbergt meine frühesten Kindheits- und Jugenderinnerungen und meine damals unbewusst verdrängten Gefühle. Nehmen wir an, ich sei politisch links orientiert. Und wähle die SPD. Beim Betrachten von Neonazi-Szenen oder einem Übergriff auf Ausländer in der Zeitung schießt mir in den Kopf: „Ja, richtig so, vergast sie!" – und das auf die Ausländer gerichtet! Schwierig, mit so etwas umzugehen, oder? Politisch links und und dennoch eine solche Reaktion bei dem Betrachten von rechtsextremer Fremdenfeindlichkeit? Das ist schwer nachzuvollziehen.

Da muss ich Freud heranziehen. In diesem Fall habe ich verdrängte Hassgefühle in meinem Unterbewussten, die sich nur auf diese Weise einen Weg bahnen und ab und zu in mein bewusstes Dasein – dem Ich – eindringen. Ich könnte es in diesem speziellen Fall von meinem bewußten Ich her nicht verstehen. Ich bin tolerant, weltoffen und nicht fremdenfeindlich – und doch ab und zu so ein Impuls? Da liegt der folgende Fall vor: Ein unbewusstes Gefühl und daraus resultierend ein Gedanke. Nun liegt es an mir, damit umzugehen und ihn in mein Bewusstsein zu integrieren. Denn das ist letztendlich mein Aufgabe.

Vermutlich habe ich aufgrund irgendwelcher Erfahrungen in der Kindheit Hassgefühle auf-wen-auch-immer-wegen-irgend-welcher-Vorfälle. Solange ich das nicht herausfinde und sagen kann: DAS hasse ich wie die Pest, solange wird dieses Heraufschießen bei rechtsextremen Nachrichten nicht aufhören. Denn man kann es auf einen Nenner bringen: Hitler = NS-Zeit = Haß. Also die geeignetste Situation, um Haßgefühle loszuwerden, oder? Wenn es mir dann irgendwann bewusst sein sollte, kann ich es plötzlich trennen und sagen: „Hei, diese Neonazis sind völlig verrückt, die gehören mit ihren antiquierten Methoden verhaftet und eingebuchtet." Wie ich es schon immer sagen wollte. Und den eigentlichen Haß kann ich dann einer bestimmten, konkreten Situation zuordnen.

Ich hasse es z.B., wenn ich morgens aus dem Bett geklingelt werde, weil ein Kunde dringend etwas will und ich nun „rennen" und mich beeilen soll. Da ist Coolness und Langsamkeit gefragt. Nicht aus der Ruhe bringen lassen. Langsam den Morgen angehen. Frühstücken, Kaffee trinken und Zeitung lesen. Und nach 1–2 Stdn. auf den Kunden reagieren.

Betrachtungen zur Psyche

Ich gebe Ihnen einige Ratschläge an die Hand, wie man mit so etwas umgehen kann. Eine Schwester in einer psychotherapeutischen Klinik, in der ich einen stationären Aufenthalt hatte, sagte mir, dass es unerheblich sei, wie intelligent man sei, um psychische Probleme anzugehen. Wenn man einmal die entsprechenden Hilfsmittel und Vorgehensweisen gelernt hat, dann kann das sowohl ein Bauer als auch ein Manager – ohne damit direkt etwas über deren Intelligenz sagen zu wollen.

Im oben genannten Fall – wenn mir etwas ins Bewusstsein schießt, das ich nicht einordnen kann – frage ich mich: Wie fühle ich mich in diesem Moment? Bin ich verärgert, wütend oder hasse ich jemanden? Fühle ich mich enttäuscht, peinlich berührt, allein gelassen oder verletzt? Bin ich neidisch oder eifersüchtig? Oder freue ich mich über irgend etwas? Mit solchen Überlegungen – und ich lasse zu, was immer mir auch kurzfristig einfällt – komme ich weiter. Darüber kann ich weiter denken, spekulieren und phantasieren.

Ich „spinne" diese Ideen und das auftauchende Gefühl weiter und phantasieren dazu. Dazu ist die Phantasie da. Ich kann mir Dinge vorstellen, ohne sie real veranlassen oder durchleben zu müssen. Womit könnte es zusammenhängen? Warum fühle ich mich so? Ich betreibe etwas, was von Psychologen „Psychodrama" genannt wird. Ich stelle mir vor, ich würde mit meinem Problem, meinen Gedanken und meinem neuen Gefühl auf einer Schauspielbühne stehen. Ich bin der Regisseur und kann das Stück inszenieren. Ich habe die Fäden in der Hand. Alle anderen gehorchen mir. Ich habe die totale Macht. Was würde ich gerne in einem frei inszenierten Stück zur Problemlösung tun?

Töte ich andere Schauspieler aus Haß? Kein Problem. Es geschieht in meiner Phantasie. Oder weise ich sie an, bestimmte Dinge zu tun? Nehme ich mit einigen Personen näheren Kontakt auf, wie ich es vorher nicht hatte, andere lasse ich sie links liegen? Weine ich, weil ich enttäuscht oder verletzt wurde, und dies zum wiederholten Mal? Ich variiere es und phantasieren weiter. Ich kann auf diese Weise Problemlösungen durchspielen, die mir vorher nicht bekannt waren. Indem ich in meiner Phantasie Szenen entwerfe, die es in der Realität bisher nicht gibt, aber meine möglichen Verhaltensweisen zu den anderen Personen darstellen. Und die ich dann in die Realität übertragen kann. Das geht wirklich. Ich brauche dazu auch keinen Psychologen konsultieren. Es funktioniert auf diese Weise in der Phantasie.

Eine andere Möglichkeit, die ich in der Phantasie durchspielen kann, ist die Methode, die bei stationären Therapien in der Beschäftigungstherapie angewandt wird. Wie würde ich mein Problem oder meine Gefühle malen und wie eine mögliche Problemlösung? Wenn ich viel in Rot und Schwarz oder eine Bombe vor dem Explodieren malen würde, dann wüßte ich auch so: Ich haben Aggressionen, die vor dem Platzen sind und die ich rauslassen muss. Auch das ist in der Phantasie – oder wenn ich es am Schreibtisch real durchlaufen und zeichnen will – auch zuhause durchführbar.

Vor allem eines ist wichtig: Wenn ich ein Problem erkannt habe, überlege ich, wie ich es lösen kann. Auch dazu kann ich meine Phantasie anstrengen und alle möglichen Lösungswege durchspielen. Manchmal komme ich dabei sogar auf einige andere, damit verwandte Dinge. Zu denen ich plötzlich eine andere Einstellung habe. Oder die ich anders angehen würde. Oder ich würde sogar im Alltag irgend etwas ändern, das ich bisher nicht bedacht hatte.

Folgende Überlegung: Ein Problem. Dann dessen Ursachen. Schuldzuweisungen hat man immer schnell bei der Hand, bringen aber nicht weiter. Und ein Lösungsversuch, wie man das Problem behebt, damit man es nicht mehr hat. Und vielleicht mit einigen Sachen anders umgeht. Ich scheue dann keine Veränderungen. Auch wenn es Zeit und Arbeit bedeutet. Es ist mein Leben, das ich ändern will. Und das für mich harmonischer und lebenswerter sein soll, oder? Da ist jede Veränderung erstrebenswert.

Psychiater

Ich hasse Psychiater. Und ich bin froh, wenn es mir so gut geht, dass ich zu keinem hingehen muss. Um vielleicht ein Rezept für ein Medikament anzufordern. Psychiater sind mir in meiner Patientenlaufbahn als diejenigen Ärzte bekannt geworden, für die es nichts Schöneres gibt, als ihren Patienten die eigene Verantwort abzunehmen und über sie hinweg zu entscheiden. Ich kann zwar mittlerweile verstehen, dass es Situationen für Psychiater gibt, in denen sie es mit psychotischen Patienten zu tun haben, die für sich selbst oder für andere eine Gefahr darstellen. Oder in anderer Form durch ihre Erkrankung so weit gefährdet oder abgerutscht sind, dass sie eingreifen und für sie eine Entscheidung treffen müssen.

Aber viele Patienten können mit ihrer Krankheit umgehen. Sie sind ansprechbar. Sie können die Lage beurteilen. Und auch Entscheidungen treffen. Ich bin mit einer gewissen Intelligenz gesegnet und kann meine Krankheit kontrollieren. Ich kenne meine Krankheitssymptome. Und ich kann sie einordnen. Ich war mit dieser Krankheit in der Lage, ein Universitätsstudium zu absolvieren. Wer will mir also entsprechende Intelligenz absprechen? Und wer erdreistet sich, für mich zu entscheiden, welche Therapien ich machen muss?

Meine erste Erfahrung in dieser Weise habe ich in einem Psychiatrischen Landeskrankenhaus gemacht, in dem ich mich aufnehmen ließ, weil es mir nicht gut ging. Es war eines dieser Landeskrankenhäuser, wie es sie in jedem Bundesland in Deutschland gibt. Sie sind sehr groß und haben eine hohe Aufnahmekapazität – denn laut Gesetz sind sie verpflichtet, jeden Patienten aufnehmen zu müssen. Sie haben eine Aufnahmepflicht.

Die damalige Psychiaterin versäumte es an meinem ersten Tag in dieser Klinik nicht, mir sofort das Diagnoseschild „Schizophrenie" umzuhängen. Obwohl ich eine Angst- und Zwangsneurose habe, was damals aber noch nicht bekannt war. Aber etwas differenzierter hätte es doch schon zugehen können, oder? Mit dieser Diagnose wäre ich im Dritten Reich sicherlich sofort in ein Konzentrationslager verschafft und vergast worden. Wobei auch schon eine geringere psychische Erkrankung zu jener Zeit zu ähnlichen Maßnahmen geführt hätte. Hätte ich vor 65 Jahren gelebt, ich hätte es vermutlich nicht überlebt. Dies soll nebenbei auch ein Dankeschön an die neu entstandene Demokratie der Bundesrepublik Deutschland sein.

Der Aufbau der Station in dieser riesigen Psychiatrischen Landesklinik sorgte auch nicht gerade dafür, das es mir besser ging. Die Patienten wurden mit Brettspielen beschäftigt, der Trakt der Ärzte und des Pflegepersonals war sorgsam von dem Patiententrakt abgeschottet und durch verschlossene Türen gesichert – so, als ob die Ärzte Angst vor uns hatten und sich das Schlimmste ausmalen würden … Die Essenaufnahme – so hieß dies dort – war jedes Mal ein Martyrium. Erstens war das Essen nicht gut, zweitens musste man immer pünktlich in Reih und Glied erscheinen und drittens wurde immer kontrolliert, ob nicht ein Patient „zufällig" ein Messer eingesteckt hatte, um dem nächsten Patienten/Arzt/Pfleger an die Gurgel zu wollen. Also schon schreckliche Zustände.

Meine zweite Erfahrung, die mich zu meinem Hass auf Psychiater brachte, war in der psychiatrischen Abteilung eines größeren Krankenhauses, das aber auch psychotherapeutischen Abteilungen hatte. Es war damals eine Zeit, als es mir so schlecht ging wie noch nie zuvor. Ich hatte mich damals gerade noch an den Aufnahmeschalter der Klinik geschleppt und brachte keinen Ton mehr heraus, bis mich eine Mitarbeiterin erkannt und sagte, „Na, das ist doch Herr ..." So landete ich dann in dieser Abteilung.

Ich verhalf mir damals recht schnell selbst zu einer Verbesserung meines Zustandes, indem ich einfach mehrmals eine Pflegerin fragte, ob ich 10–15 Minuten mit ihr reden konnte. Ich erzählte ihr meine Misere und das, was mich in diese mißliche Lage gebracht hatte. Allein das Gespräch und dass mir jemand zuhörte half, mir und nach vier Wochen ging es mir besser. Sogar der Leitende Arzt war nach einiger Zeit bei der wöchentlichen Visite erstaunt, dass es mir so schnell wieder besser ging.

Betrachtungen zur Psyche

Ich hatte mit der Stationsärztin drei Begleittherapien vereinbart. Eines Tages kam ich von einer Therapie auf die Station zurück und die Psychiaterin wollte mich sprechen.

Sie sagte mir, dass sie der Meinung sei, dass ich eine vierte Begleittherapie machen solle und sie mich dazu schon eingeteilt hatte. Ohne mich zuvor zu fragen. Geschweige denn, ob mich die Begleittherapie interessierte oder ob ich mich mit vier Begleittherapien überfordert fühlte. Eigentlich hätte ich schon damals mit einer riesengroßen Wut reagieren müssen. Aber das war mir damals noch nicht richtig bewusst, dass ich wütend war. Auf alle Fälle sagte ich ihr, dass ich damit nicht einverstanden sei. Und mir die drei Begleittherapien genug seien.

Die Psychiaterin konterte daraufhin sofort und sagte, entweder ich mache die vierte Begleittherapie oder ich könne gehen. Da es mir zu diesem Zeitpunkt einigermaßen gut ging, traf ich die Konsequenz und entließ mich selbst. Die Mitpatienten – soweit sie das alles rational nachvollziehen konnten – gratulierten mir zu meiner Entscheidung. Dass ich es der Leitenden Ärztin „mal gezeigt habe" und dass nicht alles so ginge, wie sie es wolle. Das war auch eine seltene Reaktion der Mitpatienten.

Das meine ich damit, dass Psychiater nichts lieber tun, als über die Köpfe ihre Patienten hinweg zu entscheiden und sie nicht zu fragen. Das hasse ich an ihnen. Und das müssen sie auch verkraften, wenn ich ihnen das sage.

Medikamente

Psychopharmaka sind ein Teufelszeug. Und ein Segen. Manchmal ist man bei psychischen Erkrankungen darauf angewiesen. Ich selbst nehme seit 11 Jahren ein Psychopharmakon. Hätte ich damals gar nicht damit angefangen, es zu nehmen, würde ich heute vielleicht ohne Medikament zurecht kommen. Und würde meinen Körper nicht unnötig belasten. Mittlerweile bin ich aber darauf angewiesen.

Ich bin nicht abhängig von dem Medikament in der Form, dass ich süchtig bin. Aber ich brauche die Wirkung des Medikaments, da mich meine Symptome sonst überrollen. In Zeiten, in denen es mir schlechter geht und ich zu sehr unter der Erkrankung leide, erhöhe ich für ein paar Tage die Dosis des Medikaments. Ich kenne seine Wirkungsweise. Und weiß, dass es mir in solchen Zeiten hilft. Solange ich meine Erkrankung und dessen Symptome nicht beseitigt und eine Lösung dafür gefunden habe, werde ich das Medikament weiter nehmen müssen.

Ich habe in den letzten Jahren mehrere Male versucht, das Medikament abzusetzen. Auf eigene Faust oder in Absprache mit meinem Arzt. Ohne Erfolg. Eine geringe Reduzierung ist manchmal möglich. Aber wenn ich es ganz absetze, haut es mich nach 14 Tagen völlig nieder. Es geht nichts mehr. Es ist, wie wenn mein Denken „in sich zusammenbricht". Ich bekomme nichts mehr auf die Reihe und bin

Betrachtungen zur Psyche

„völlig durch den Wind". Das hängt sicherlich damit zusammen, dass Psychopharmaka die Informationsweiterleitung der Nervenzellen im Gehirn unterstützen und dort in den Boten-Stoffwechsel eingreifen. Ist man erst einmal an ein Medikament, das dort eingreift, gewöhnt, kommt man nicht mehr – oder nur sehr schwer – davon los.

Aber Medikamente haben auch Vorteile. Man gewinnt an Lebensqualität. Das kurze Zeit eingenommene Antidepressivum gegen meine Ängste und Zwänge bescherte mir einige nie gekannte Momente, in denen ich Zwangshandlungen, die ich vorher hatte, einfach sein lassen konnte. Ich konnte einfach darüber hinweggehen. Das hatte ich noch nie erlebt. Erfreulich war, dass ich das Erlernte, das mir das Medikament beschert hatte – nämlich das Weglassen von bestimmten Zwängen –, auch nach Absetzen des Medikaments weiterführen konnte. Also eine positive Auswirkung.

Ein Psychopharmakon erhöht also manchmal die Lebensqualität und ermöglicht dem Erkrankten einen anderen Umgang mit seinen Symptomen und seinem Alltag. Und manchmal – wie in diesem geschilderten Fall – kann der Erkrankte diesen Lernerfolg nach Absetzen des Medikaments beibehalten. Das sollte nicht unterschätzt werden.

Schwierig ist meistens nur, in Absprache mit seinem Arzt ein Medikament zu finden, das zu einem passt. Also eine Heilwirkung hat und keine Nebenwirkungen, die so gravierend sind, dass man das Medikament nicht mehr nehmen kann. Hinzu kommt, dass verschiedene Medikamente erst einige Wochen eingenommen werden müssen, bis sie im Körper einen Wirkspiegel aufgebaut haben und auch wirklich helfen. Kommen dann Nebenwirkungen hinzu, muss man das Medikament absetzen und ein anderes ausprobieren – und so weiter und so weiter. Es können wirklich Monate ins Land gehen, bis man ein passendes Medikament gefunden hat. Aber das Medikament muss tatsächlich zu einem passen wie der Schuh zum eigenen Fuß.

Glücklicherweise muss man heute nicht mehr auf alte Medikamente wie z.B. Haloperidol – kurz Haldol genannt – zurückgreifen. Ein früher beliebtes Medikament in Psychiatrien, um Patienten erst einmal ruhig zu stellen. Die Einnahme dieses Medikaments führte jedoch meistens dazu, dass man zusätzlich ein Medikament gegen die Nebenwirkungen von Haldol nehmen musste. Also eine völlig unnötige zusätzliche Belastung für den Körper. Die heutigen Psychopharmaka sind spezifischer in ihrer Wirkungsweise, gezielter einsetzbar und verträglicher.

Apotheker, deren Tätigkeitsfeld es ist, erkrankte Menschen mit Medikamenten zu versorgen, sehen dies durchaus positiv. Man könne froh sein, dass die heutige Forschung und Medizin solche Medikamente zur Verfügung stellen, die das Leid eines Erkrankten lindern, ihm ermöglichen, mit seinem Alltag besser zurecht kommen lassen und die Lebensqualität verbessern. Eine Sichtweise, die ihre Berechtigung hat. Aus Sicht der Apotheker.

Dennoch habe ich die Haltung, dass es ohne jegliches Medikament besser wäre. Manche Medikamente haben doch immense Nebenwirkungen. Die eben nicht zu unterschätzen sind. Auch die sonstige Belastung des Körpers sollte nicht außer Acht gelassen werden – die Leber muss das Medikament jede Nacht abbauen. Das Antidepressivum, das ich kurze Zeit nahm, hatte eine gravierende Nebenwirkung – nämlich dass kein Sex mehr möglich war. Es unterband jeden Orgasmus. Nichts ging mehr. Da konnte ich üben und probieren – es ging nicht. Das war dann für mich auch ein überaus wichtiger Grund, weshalb ich das Medikament absetzte. Ein zufrieden stellender Sex gehört für mich zum Leben dazu. Unterbindet dies ein Medikament, kann ich es nur in die Tonne treten. Damit kann ich auf Dauer nichts anfangen.

Ein behandelnder Arzt in einer Klinik sagte zu mir, als wir die Einnahme von Medikamenten besprachen und ich mich weigerte: „Herr Maroni, mir ist es lieber, sie nehmen ein Medikament und haben damit einen Krückstock zum Laufen. Als dass Sie kein Medikament nehmen und nicht mehr laufen können!" Auch wenn ich Medikamenten immer noch kritisch gegenüber stehe, muss ich ihm Recht geben.

Aggressionen

Ich musste Aggressionen erst langsam und mühsam lernen. Ich habe als Kind oder Jugendlicher nie Ärger und Wut bei meinen Eltern erlebt und dass dies ausgesprochen wurde. Was soll es heißen, wenn meine schon ergraute Mutter mir sagt, sie sei in einer Situation „böse und sauer" gewesen? Darunter kann ich mir nichts vorstellen. Kein Zorn, kein Ärger, keine Wut und kein Hass.

Wenn ich heute meinen Eltern gegenüber erwähne, ich sei wegen irgend etwas auf sie wütend, wird dies abgeblockt. Negiert. Nicht angenommen. Dann heißt es: „Tja, da kann ich auch nichts machen. Pech gehabt! Kann ich Dir nicht helfen!" Es kommt keine Reaktion, wie ich sie von Freunden oder Bekannten kenne. Dass man adäquat darauf reagiert. Mich fragt, warum ich denn wütend sei. Und vielleicht einräumt, einen Fehler gemacht zu haben und sich entschuldigt. Und das Problem nicht mehr vorkomme. Man ändere es. Und man dann – erst dann – zum normalen Gespräch übergeht.

Ich gehe heute mit meinem Sohn ganz anders um. Ich bringe ihm bewusst bei, zu sagen, wann er sich ärgert oder wütend ist und warum. Ärgert er sich über etwas, dann spreche ich das an: „Worüber hast Du Dich jetzt geärgert? Wie gehst Du jetzt damit um?" Oder: „Mama ist jetzt wütend, aber sie ist auf mich wütend, nicht auf Dich. Du brauchst also keine Angst haben!" Und gehe vorsichtshalber mit ihm mit, wenn er doch noch Angst hat. Aber er lernt es einzuschätzen, zu spüren, zu fühlen und zu artikulieren. Und damit macht er eine wichtige Erfahrung.

Ich selbst habe den Ärger vor 10 Jahren mühsam gelernt. Ich musste mir vom Kopf – also rein rational – sagen, wann ich verärgert war. Ich machte mir deutlich, dass ich zumindest jedes Mal verärgert war, wenn jemand nicht zur vereinbarten Zeit zu einem Treffen kam. Kam er oder sie eine viertel Stunde zu spät, war es noch akzeptabel. Kam er oder sie aber eine halbe Stunde zu spät, dann war ich verärgert. Und – ehrlich – ich musste mich vom Kopf her dazu zwingen, demjenigen zu sagen: „Hör mal, wir hatten uns vor einer halben Stunde verabredet. Du kommst erst jetzt. Ich bin verärgert über Dich! Du hättest vorher anrufen und mitteilen können, dass es später wird!" Und erst so langsam – in der nächsten Stunde – klang der Ärger ab. Während dieser Zeit war ich aufgrund der Verärgerung im Gespräch noch ziemlich schroff.

Das war meine notwendige Lernepisode. Glücklicherweise ärgere ich mich heute im Alltag mindestens 5–10 Male am Tag, auch wegen Kleinigkeiten. Ich habe es gelernt und umzusetzen gewusst. Wer geht nicht auf die Palme und spricht seinen Ärger heraus, wenn jemand seine Lieblingstasse fallen lässt und diese zu Bruch geht. Das ist alles notwendig!

Aggressionen

Genau so langsam musste ich erst Wut kennenlernen. Vor einem halben Jahr war es soweit, dass ich mich aufgrund irgend welcher äußerer Umstände mit diesem Thema beschäftigte. Die erste Erfahrung war mit dem Zusteller eines Pizza-Lieferservice, der mich 1 ½ Stunden auf die Zustellung warten ließ. Ich saß mit knurrendem Magen in der Wohnung, wartete und dachte mir: „Man, bin ich auf den wütend!" Auch hier musste ich mir das erst rational auf die Zunge legen. Und überlegen, wie ich mit ihm umginge, wenn er käme. Nun, als er schließlich klingelte, war das Maß voll. Ich war so geladen, dass ich ihn keines Blickes würdigte. Ich habe ihn runtergeputzt und ihm gesagt, dass es eine Frechheit sei, einen Kunden so lange warten zu lassen. Und dass ich ziemlich wütend sei. Ich nahm die Pizza, haute ihm das Entgeld in die Hand und die Tür hinter ihm zu. Seitdem bestelle ich bei diesem Lieferservice nichts mehr.

Ich lernte den Umgang mit Wut wie in einem Psychodrama, das manche Therapeuten anbieten. Als ich einmal wegen einer bestimmten Sache eine ziemliche Wut hatte, aber nicht wußte, wie ich diese artikulieren und ausdrücken konnte, kam ich auf die folgende Idee: Ich habe in meinem Wohnzimmer zwei Samurai-Schwerter – rein als Präsentationsobjekte. Da ich meine Couchgarnitur sowieso demnächst auf den Müll werfen und mir eine neue kaufen wollte, dachte ich mir: „Jetzt vermöbelst Du einfach einen dieser Sessel!" Angespornt über diverse Fernsehfilme, in denen Darsteller in völliger Wut und Ärger Regale und was weiß ich noch abräumen, habe ich dann einfach mit einem Samurai-Schwert einen meiner Sessel vernichtet! Ich habe voller Wut auf ihn eingedroschen, geschlagen und zugestoßen. Ehrlich, es blieb von ihm nicht viel übrig. Seitdem habe ich gelernt, was es heißt, wütend zu sein.

Ich kann in Spielfilmen gut nachvollziehen, wenn einer der Hauptdarsteller wütend wird. Hat ein Gegenspieler in einem Spielfilm den Partner des Detective abgeknallt, dann sehe ich es dem Detective und seiner Verhaltensweise an: „Oh man, der ist jetzt aber scheiß-wütend!"

Seit dieser Zeit zieren auch zwei Hulk-Poster meine Wohnung. Hulk ist der Superheld aus den Marvel-Comics, der eigentlich ein ganz normaler Mensch ist. Bis ihn jemand wütend macht. Dann mutiert er zu einem drei Mal so großen, grünen Monster – und verprügelt seine Gegner. Bezeichnend der Satz am Ende des Films: „Hören Sie auf. Sie machen mich wütend. Sie würden es nicht mögen, wenn Sie mich wütend erleben!" Tja, manchmal bin ich seitdem eben auch ein kleiner Hulk! Und laufe grün an.

Eine Situation, in der ich immer wieder merke, wie ich mich seitdem geändert habe, ist bei der Kaltakquise von Firmen am Telefon. Dabei handelt es sich um Direktwerbung über das Telefon. Diese Firmen haben meine Daten aus irgendwelchen Quellen oder Datenbanken. Und versuchen, mir ihr Angebot, ihr Produkt oder ihre Dienstleistung aufzuschwatzen. Vor einem Jahr habe ich mir diese Angebote eine halbe Stunde lang angehört und erst dann ruhig gesagt, dass ich eigentlich kein Interesse habe.

Mittlerweile ist dies anders. Erstens macht mich diese Kaltakquise wütend. Zweitens weiß ich, dass sie rechtswidrig. Meine Konsequenz ist, dass ich – wenn heute jemand anruft und versucht, mir ohne mein Einverständnis oder meine Anfrage etwas aufzuschwätzen – das Gespräch nach den ersten zwei Sätzen unterbreche. Ich weise ihn darauf hin, dass dies rechtswidrig ist. Des weiteren fordere ich ihn auf, meine Daten aus seiner Datenbank zu entfernen. Sollte ich nochmals einen Anruf von ihm bekommen, bekommt er umwendend Post von meinem Rechtsanwalt. Das funktioniert. Die meisten Direktakquisiteure gehen darauf ein und lenken ein. Genau das, was ich erhofft habe. Auch so kann man seiner Wut Ausdruck verleihen.

Manchmal machen sich vor meiner Wohnungstür einige selbsternannte Missionare der christlichen Kirchen breit und meinen, mir das Heil Gottes zu übermitteln. Ich bin bei weitem tolerant. Und gläubiger Christ. Wenn sie jedoch aus gläubigen Gründen Probleme sehen, daß jemand seinem Ärger oder seiner Wut Ausdruck verleiht, dann halte ich dagegen. Ich erwidere ihnen, dass ich nicht Jesus bin, der jedem die Backe ein zweites Mal entgegenhält, um ihn zu schlagen. Ich bin ein normaler Mensch. Und für mich gibt es keine – wie es die Kirche nennt – negativen Gefühle wie Ärger, Zorn, Wut und Hass. Für mich zählen diese Gefühle

Betrachtungen zur Psyche

zum Menschsein dazu. Jeder hat sie. Jeder lebt sie. Das ist durchaus berechtigt.

Dass sie manchmal ins Nachteilige umschlagen, dass bestimmte Personen eine Jagd auf Ausländer durchführen oder Kriege zwischen Völkern stattfinden – das ist die schlechteste Art, wie sich solche Gefühle auswirken können. Aber diese hat jeder Mensch. Das, was sich in unserer Phantasie auslebt und was wir in die Taten umsetzen, sind zweierlei Dinge. Ich kann andere Menschen hassen und auf sie wütend sein, aber ich muss nicht gleich ein Sprengstoffkommando zu ihnen schicken, um sie in die Luft zu jagen. Das sind zwei paar Schuhe. Oder der Januskopf der Münze.

Ich kann aus diesem Grund nur sagen, dass Aggressionen zum Menschsein dazugehören. Dass sie wichtig sind und dass man sich derer nicht schämen muß. Man kommt damit weiter, wenn man Aggressionen auslebt. Sie helfen und lassen uns manchmal auch den Alltag besser meistern. Sie können auch zu Problemlösungen führen, indem man gegen jemanden aufbegehrt. Man lässt sich nicht alles bieten. Wenn man Aggressionen hat, behauptet man sich gegen Angriffe. Zieht ein Bollwerk oder eine Grenze auf. Nach dem Motto: „So geht es nicht!" Und verkündet, dass man da nicht mitspielt. Man läßt sich nichts gefallen, setzt sich zur Wehr und hält dagegen!

Glaube

Gott hat mir diese Erkrankung mit auf den Weg gegeben. Genauso wie meine Intelligenz, damit ich die Erkrankung bewältigen und damit umgehen kann. Es ist meine Aufgabe, sie zu lösen.

Ich war lange Zeit ungläubig. Und fragte mich, ob es einen Gott gibt. Ob die Dinge und Situationen, die ich erlebte, zufällig oder vorgegeben waren. Und ob es auch zufällig oder vorgegeben war, welche Menschen ich traf und kennenlernte.

Gott offenbarte sich mir vor Jahren in einer bestimmten Situation. Ich überlegte damals, ob ich aus Süddeutschland nach Norddeutschland ziehen wollte. Um die Region besser kennenzulernen, machte ich in einem kleinen Ort in Schleswig-Holstein 14 Tage Urlaub. Und besuchte die Stadt, in die ich zu ziehen beabsichtigte. In dem Ort, in dem ich meinen Urlaub verbrachte, gab es einen wöchentlichen Markt. Als ich dort hin ging, um zu schauen, was es zu kaufen gab, sah ich zum ersten Mal in meinem Leben einen grünen Blumenkohl! Das war in dieser Region so gängig, das dort anzubauen und zu verkaufen. Nun, ich dachte mir dabei erst nicht besonderes. In diesem Urlaub entschloss ich mich, nach Norddeutschland zu ziehen. Als ich aus dem Urlaub zurück war und in Freiburg am ersten Tag zum Essen in die Mensa ging, was gab es dort? Grünen Blumenkohl! Ich hatte zu dieser Zeit bestimmt 20 Semester studiert, aber ich hatte noch nie in der Mensa grünen Blumenkohl zu essen bekommen!

Ich deutete das als Zeichen, dass meine Entscheidung richtig war. Seitdem bin ich gläubig. Und glaube nicht mehr an Zufälle. Und auch nicht, dass ich zufällig bestimmte Dinge erlebe oder Menschen kennenlerne. Das hat alles seinen tieferen Grund. Den ich nicht erkennen kann. Denn wie heißt es: „Gottes Wege sind unergründlich!"

Ich habe diese Geschichte einem Freund erzählt, der seit seiner Kindheit christlich erzogen wurde und tief gläubig ist. Er sagte mir: „Es ist selten, dass Gott sich einem Menschen so offenbart!" Das habe ich tief in Erinnerung und es hat mich berührt. So wie Gott mich berührt hat.

Ich habe es in meinem Leben so oft erfahren, dass sich mir plötzlich Themen aufdrängten, mit denen ich mich auseinander setzen musste. Lernen musste, damit umzugehen. Und eine Lösung dafür zu finden.

Vor einigen Jahren war ich in einer beruflichen Situation damit beschäftigt, dass mir ein Kunde sehr auf die Pelle rückte. Ich stellte fest, dass ich das hasse wie die Pest. Nach längerem Nachdenken merkte ich plötzlich, dass mir noch viele andere Dinge einfielen, die ich hasse. Und dass ich in dieser Situation mit meinem Hass auf bestimmte Gegebenheiten,

Glaube

Dinge und Menschen konfrontiert wurde. Und Hass lernen musste.

Kein zerstörender Hass wie ihn islamistische Selbstmordattentäter haben. Aber Hass als gesunde menschliche Reaktion und Aggression, wenn es einfach über die Hutschnur getrieben wird, Grenzen übergangen werden und es einfach zu viel ist. Man hasst das, was man wirklich nicht ertragen kann. Dazu muss man sich auch äußern und dagegen wehren.

Wenn man gläubig ist, dann glaubt man daran, dass nicht alles, was passiert, nur zufällig passiert. Gott ist bei mir und begleitet mich. Er ist an meiner Seite. Ich kann mir sicher sein, dass alles – und sei es auch zunächst noch so schmerzhaft – nicht ohne Hintergrund und Sinn geschieht. Es ist eine Probe, eine Prüfung und eine Aufgabe für mich, damit ich im Leben weiterkomme.

Menschen, die an Wiedergeburt glauben, sagen auch, dass man in jedem Leben mit den gleichen Problemen wiedergeboren wird. Es sein denn, man löst sie in einem vorherigen Leben. Daraus sehe ich, dass es meine Aufgabe ist, im jetzigen Leben etwas zu bewältigen.

Denjenigen, die ungläubig sind oder zweifeln, wünsche ich, dass Gott Ihnen den Glauben schenkt. Es ist nicht alles vergebens. Es ist nichts alles einfach nur so in die Welt geworfen. Es ist nicht einfach nur alles zufällig. Alles hat ein Strick-

Betrachtungen zur Psyche

muster – einen Plan, wie Isabell Allende es in einem ihrer Bücher nennt. Diesen kann man – wie gesagt – nicht einsehen. Aber er ist da. Und man kann ihn im Laufe der Jahre erahnen. Er begleitet uns. Bis an unser Lebensende.

Ich ziehe aus meinem Glauben und dieser Einstellung Kraft, wenn es mir schlecht geht, und ich nicht weiß, wie es weiter geht. Es geht immer weiter. Irgendwie. Probieren Sie es aus! Gott ist immer an Ihrer Seite! Davon bin ich überzeugt.

Sexualität

Die Einstellung des leitenden Direktors der psychotherapeutischen Station der Klinik war eindeutig. Während meines allerersten stationären Klinikaufenthalts teilte mir eine Schwester auf der Station in einem Gespräch mit, dass er sich zu der Neuanstellung von Pflegepersonal folgendermaßen äußerte: „Ich stelle nur Pflegepersonen ein, die in einer glücklichen Partnerschaft leben und ein ausgefülltes Sexualleben haben!" Seine Argumentation war, daß das Pflegepersonal die großen psychischen Belastungen, die in einer psychotherapeutischen Klinik auftreten können, sonst nicht verarbeiten könne.

Dem ist nichts hinzuzufügen. Sex ist wichtig. Er macht ausgeglichen. Er schüttet Glückshormone im Körper aus. Man fühlt sich gesünder und vitaler. Und hat einen Partner, mit dem man einige Vorlieben und Interessen teilen kann.

Meine Eltern fanden es nicht nötig, mit mir über Sex zu reden. Meinen ersten Samenerguß, irgend wann in der Nacht, verschwieg ich – aus Furcht vor der Reaktion der Eltern. Meine Freundin durfte ich zwar mit nach Hause bringen, aber mit ihr in meinem Zimmer übernachten – never! „Nicht in unserem Haus!", war die Aussage meiner Mutter. Wieso macht man es Kindern nur so schwer?

Unverschämt dann die Reaktion meines Vaters, als ich sehr viel später selbst Vater eines Jungen wurde und ihnen mitteilte, dass sie Großeltern würden. Den genauen Wortlaut weiß ich nicht mehr, aber mein Vater ließ sich zu irgend etwas wie „ ...verantwortungslos!" hinreissen. Ob wir nicht verhütet hätten? Natürlich hatte ich mit meiner damaligen Freundin nicht verhütet, auch wenn zu diesem Zeitpunkt eine Schwangerschaft nicht geplant war. In der Pubertät mit seinem Sohn nicht über Sexualität und Verhütung reden, sich aber erdreisten, bei einer dann auftretenden Schwangerschaft von Verantwortungslosigkeit zu reden ... ich erspare mir weitere Bemerkungen.

Sexualität lernt man wie Fahrradfahren – oder? Immer ein wenig mehr dazu, bis man es möglichst einwandfrei beherrscht. In der Pubertät schießen die Hormone. Dann bekommt man als Junge Stimmbruch und Schamhaare und die Mädchen einen Busen und ebenfalls Schamhaare. Man interessiert sich für das andere Geschlecht. Und irgendwann hat man den ersten Geschlechtsverkehr. Bei mir war dies mit 16 Jahren, heute dürfte dies sicherlich vier Jahre früher liegen.

Im Laufe des Erwachsenwerdens hat man meisten – nach Pubertät und Schulabschluss – verschiedene Partner. Hoffentlich schlidert man nicht nach der Pubertät sofort in die erste Ehe – von den Eltern zum ersten Ehepartner. Das geht immer schief. Ich habe diese Erfahrung nicht, aber mehrere

Sexualität

Freundinnen von mir teilten dieses Schicksal. Es kann nicht klappen.

Stattdessen sollte man Erfahrungen mit mehreren Partnern und somit auch Sexualpartnern machen. Man lernt sich selbst kennen und lernt, was man mag und nicht mag – die Vorlieben und die Abneigungen. Vielleicht lernt man dann auch mit 30 Jahren, dass man beim Geschlechtsakt im Bett auch „schmutzige" Wörter verwenden darf. Und dass das beide erregt. Schließlich ist Sex auch ein aggressiver Akt – der Mann dringt ein, die Frau öffnet sich und empfängt ihn. Wäre da kein Vertrauen, Intimität und Nähe, wäre es eine Vergewaltigung. In der der Mann die alleinige Macht und Gewalt hat. Das ist die aggressive Seite der Sexualität.

Man lernt und erfährt, was einem gefällt oder nicht gefällt: Sado- oder Maso-Praktiken? Fetische aller Art? Aber – man lernt Sexualität, wie erwähnt, wie Fahrradfahren – jedes Jahr ein bisschen mehr und ein bisschen besser. Und damit macht man lebenslang seine Erfahrungen. Denn Sexualität gehört zum Erwachsensein dazu wie der Fisch im Wasser und die Tomate auf der Pizza.

Wenn man nicht in der glücklichen Lage ist, einen Partner zu haben, dann macht man es in Handarbeit – Onanie! Und das heißt jetzt nicht locker stilisiert: „Oh, na, nie!" Nein, es heißt eher: „Oh, na, immer!" Das ist niemals schädlich. Natürlich ist es sinnvoller, aus dem Haus in die nächste

Kneipe, Diskothek oder sonstige Veranstaltung zu gehen und zu schauen, ob man dort jemanden kennenlernt. Mit dem man einen One-Night-Stand hat oder sich eine neue Partnerschaft entwickelt. Aber wenn derzeit keine entsprechenden Beziehungen bestehen?

Mit der Onanie lernt man seinen eigenen Körper sehr gut kennen. Und kann das auch in eine neue Partnerschaft einbringen. Man sollte keine Scheu vor Pornografie haben. Wenn jeder offen darüber reden würde – wieviele Freunde, Bekannte und auch Verwandte haben so einen Film schon gesehen? Man würde sich wundern. Meistens liegt aber der Mantel des Schweigens darüber.

Onanie ist zwar nicht so zufriedenstellend wie richtiger Sex mit einem Partner. Nach so etwas ist man sehr viel ausgeglichener und entspannter. Aber wenn man zur Zeit keinen Partner hat, dann muss es eben auf diese Weise gehen. Sonst ist man aufgrund der sexuellen Unausgeglichenheit und des sexuellen Druckes so frustriert und genervt, dass keiner mehr mit einem etwas anzufangen weiß.

Es wird immer wieder diskutiert, ob in psychiatrischen Kliniken Medikamente ins tägliche Essen gemischt werden, die den Sexualdruck – die Libido – der Patienten mindern. Um diesen dann möglichst gänzlich auszuschalten. Ein „vermeintlicher" Problempunkt weniger für die Ärzte und das Pflegepersonal. Ich weiß nicht, ob das tatsächlich so ist.

Sexualität

Aber: Man sollte sich seine Sexualität von keinem Psychiater abspenstig machen oder aus- oder wegreden lassen. Dann hat er keine Ahnung. Oder er ist selbst verklemmt.

Auch Sex zwischen Patienten in einer Klinik ist völlig normal. Wer etwas anderes sagt, der solle den ersten Stein werfen ... Das wäre schließlich völlig weltfremd. Es ergibt sich dann die Frage, wie solche Psychiater und ein solches Pflegepersonal, das Sexualität leugnet, überhaupt auf andere wichtige Fragestellungen und Themen des realen Lebens reagieren und antworten können? Wie soll so jemand den Weg aus einer psychischen Krise weisen? Solche Personen sind meines Erachtens völlig inkompetent und als Psychiater/Pflegepersonal nicht geeignet!

Intellekt

Gott hat mich mit einem bestimmten Intellekt gesegnet. Das steht außer Frage. Wie sonst hätte ich eine Hochschulstudium absolvieren können? Die Intelligenz ist vorhanden. Sie hilft mir, mit meiner Krankheit und meinen Symptomen zurecht zu kommen. Indem ich diese einstufen, die entsprechenden Fragen zur Erkrankung stellen, ihre Herkunft oder Ursache erklären, Problemlösungen überlegen und dann besser mit der Krankheit umgehen kann.

Vermutlich ist die Intelligenz ein Segen, das steht außer Frage. Sie ist ein Pendant zu meiner psychischen Erkrankung. Ohne eine gewisse Intelligenz, meine Krankheit abzuwägen und das jeweilige Beste für mich selbst zu tun, wäre ich mittlerweile mit Sicherheit in einem Pflegeheim gelandet, wo andere Leute über mich bestimmen. Aber ich habe mein Leben immer noch selbst in der Hand.

Als ich vor Jahren eine stationäre Therapie in einer psychiatrischen Klinik machte, war mir sehr schnell klar, dass ich mich hier auf meinen eigenen Intellekt verlassen musste. Denn die Vergabe von Psychopharmaka hatte noch nie so schnell eine Wirkung erzielt. Ich wusste, was mir gut tut und wie ich schnell wieder auf die Beine kam. Ich sprach in bestimmten Zeiten einfach eine Pflegerin an, fragte sie, ob sie 10 Minuten Zeit habe, und verzog mich mit ihr zu einem Gespräch in mein Zimmer. Dort besprach ich mit ihr alles Wesentliche. Und erzählte ihr einfach alles. Das hatte seine gute Wirkung. Wie Psychoanalytiker sagen, hat es eine katharsische – also reinigende – Wirkung. Und hilft dem Patienten.

Erstaunlich war, das ich nach einem Monat wieder gut auf den Beinen war. Der Leitende Oberarzt sagte bei der Visite, er habe noch nie erlebt, dass jemand so schnell wieder genese. Und das ohne Psychopharmaka, die vielleicht erst in einigen Wochen oder Monaten gewirkt und auch nur eine begrenzte Wirkung gezeigt hätten. Da hilft es schon, sich auf seine Intelligenz zu verlassen. Schließlich kennt sich niemand besser als man selbst!

Allerdings kann die reine Anwendung des Intellekts auch dazu führen, dass man sich nur auf sich selbst verlässt und nicht auf eine Hilfestellung anderer Leute reagiert. Man blockt einfach ab. Man ist der Hilfe, Ratschläge oder Hinweise anderer nicht mehr zugänglich und schlägt sie in den Wind. Das kann fatale Folgen haben, denn manchmal wissen es auch andere Leute besser.

Eine nette Pflegerin in einer Klinik sagte mir einmal, dass es unerheblich sei, wie intelligent man als Patient sei. Sie habe auch schon mit einem Bauern-Ehepaar zusammengearbeitet. Solange man in der Lage sei, die richtigen Fragen zu stellen, Hintergründe zu erfassen und zu überprüfen und sich Lösungen einfallen zu lassen, sei dies für den Genesungsweg egal.

Problemlösungen

Probleme zu lösen – auch wenn sie psychischer oder krankhafter Natur sind – ist eine schwierige Sache. Aber auch eine wichtige. Vielleicht die Wichtigste überhaupt. Früher lag mir mehr daran, heraus zu finden, wer „der Schuldige" für meine Erkrankung war. Und die Ursachen für die Erkrankung aufzudecken. Also Retrospektive anstelle Zukunftsblick. Ich war früher sehr oft mit meiner Vergangenheit beschäftigt und deckte immer neue Details auf. Neue Erinnerungen, Gefühle und Erlebnisse, die mit meinen Symptomen in Zusammenhang standen. Aber von einer Problemlösung war ich weit entfernt. Mir war sogar das Wort und dessen praktische Bedeutung gar nicht richtig geläufig.

Manchmal kann man Probleme auch nicht lösen. Oder man findet eine Lösung, die nur halbwegs akzeptabel ist. Im schlimmsten Fall muss eine Notlösung herhalten. Diese löst das Problem nicht, aber man umschifft die hohen Wogen des Problems und kann zumindest weiter arbeiten oder leben. Zufriedenstellend ist es nicht. Aber was soll man tun, wenn ein Problem nicht ganz aus der Welt zu schaffen ist?

Managern, Moderatoren und Coaches ist dieses Thema so wichtig, so dass es für sie zu den Standards gehört, wie man an Probleme herangeht. Die Ursachen für ein Problem zu finden ist – wie erwähnt – wichtig. Den Schuldigen zu finden ist meistens irrelevant. Aber eine Lösung zu finden … das ist bei weitem noch wichtiger. Das ist der Herkulesweg. Oft hört man daher von diesen Personen den Spruch: „Kommen Sie mir nicht mit Problemen, kommen Sie mir mit Lösungen!"

Wie kann ich ein Problem lösen, damit es in dieser Form nicht mehr auftaucht? Oder abgeschwächt wird? Oder ich mit dem Ergebnis leben kann? Das sind vorwärts gerichtete Fragestellungen, die auf eine Besserung der Situation aus sind. Und ihren Schwerpunkt auf eine Bewältigung der Situation und der Probleme legen. Damit man sich danach gestärkt der Zukunft widmen kann.

Mein Cousin sagte mir immer, was der Unterschied zwischen mir und ihm sei: „Wenn Du Probleme hast, dann suchst Du die Ursachen und schaust nach hinten. Wenn ich Probleme habe, versuche ich eine Lösung zu finden und schaue nach vorne!" Das hat lange Zeit gestimmt. Bis ich schließlich selbst darauf kam, mir Strategien zur Problemlösung zu überlegen.

Ich kam auf einem Umweg dazu. Ich stieß auf den Rat von Kollegen auf ein Forum im Internet. Das Forum hat einen guten Ruf hat und war für die Fragestellungen aus meinem Beruf passend. Das Prozedere in dem Forum war einfach, wie ich nach kurzer Zeit feststellte. Vom Anfänger bis zum Profi – jemand, der eine Frage hatte und bei einem Problem nicht weiter wusste, postete die Frage in das Forum. Alle anderen Forenteilnehmer, die ein ähnliches Problem oder Erfahrungen mit den in der Frage erwähnten Sachverhalten hatten oder sich zu einer Antwort berufen fühlten, antworteten. Einziges Ziel dabei war ... genau, die Lösung des Problems. Erst wurde versucht, das Problem einzugrenzen. Dann versuchten einige Forenteilnehmer, es nachzustellen. Wieder andere hatten das gleiche Problem auch schon gehabt. Andere schließlich griffen auf ihre Erfahrung mit dem Medium zurück. Bis irgend ein Hinweis, ein Ratschlag oder eine Mitteilung eines Forenteilnehmers ins Schwarze traf. Es löste genau dieses Problem und bot dafür einen „Workaround". Der Fragesteller kommentierte dies in dieser Weise: „Prima, das hat geklappt. Das Problem ist gelöst! Ihr seid klasse!" Und das Thema war aus der Welt geschafft.

Fragestellung – Situationsbeschreibung – Ursache – Problemvorschläge – Problemlösung ... das war die Vorgehensweise in diesem Forum. Ich brauchte einige Monate, bis ich mit dieser Arbeitsweise klar kam. Und versuchte, sie auf mich, mein Privatleben und meine psychischen Probleme anzuwenden. Es öffnete mir die Augen, und ich musste meinem Cousin mit seinem Vergleich Recht geben. Seitdem ist mir an der Ursachenforschung genauso viel gelegen wie an der Problemlösung.

Um auf psychische Erkrankungen zurück zu kommen: Manchmal kennt man alle Ursachen einer Erkrankung oder einzelner Symptome, aber man kann sie partout nicht abstellen und lösen. Und lebt mit ihnen weiter. Manchmal kennt man keinerlei Ursachen, dennoch stellt sich eine Problemlösung ein. Man hat ein Symptom bereinigt, abgehakt und erledigt. Und lebt seitdem mit einer besseren Lebensqualität.

By the way, was gibt es eigentlich Schöneres, als ein Problem zu lösen, ohne die Ursachen erforschen zu müssen? Es ist, wie wenn man einen Schalter umlegt. Und das Problem ist verschwunden. Leider ist das bei psychischen Erkrankungen so nicht immer ohne weiteres möglich. Psychische Erkrankungen sind hartnäckig und festgefressen. Sie wurden im Laufe der Zeit fast schon zur zweiten Natur. Aber man kann immer die Hoffnung haben, kleine Probleme doch auf diese Weise zu lösen. Und sollte immer darauf hin arbeiten.

E-Mail an eine Bekannte

Hallo,

ja, das Leben ist manchmal auch eine Qual. Aber wenn Du nächste Woche Deine Arbeit geschafft hast, dann gratuliere ich erst mal. Dann hast Du Dich schon ein wenig aus der Misere gezogen. Und kannst die nächsten Monate entspannter angehen, wenn Du Dein Urlaubssemester machst. Überleg Dir in dieser Zeit einfach, was Ursache der Depression gewesen sein kann, wie Du es abstellen oder welche Strategien Du ausführen kannst, um die Probleme zu umgehen. Lösungen suchen! Du bist doch Wirtschaftswissenschaftlerin, dann wird Dir doch solch ein praktischer Ansatz auch liegen oder? Studierst ja keine Philosophie … ;-) und willst das dann nicht alles mit Kant, Hegel oder wer weiß wem noch alles lösen …

»Ich hab den Film ›Besser geht's nicht‹ gesehen und da wird es ja ein bisschen mit Komik betrachtet …«

Ja, in dem Film wird es ziemlich ersichtlich, wie es Menschen geht, die Zwänge haben. Und wie sie ihre Umwelt in Mitleidenschaft ziehen und terrorisieren. Aber es ist eine Krankheit :-(. Eine gute Szene kommt am Ende des Films, als Nicholson mit seiner Angebeteten und dem schwulen Freund irgendwo hin gefahren waren und wieder zurück kamen. Da geht er mit dem Schwulen in seine Wohnung – wegen des Hundes, glaube ich – und ist gut drauf. Und schließt die Tür nicht zu. Nach fünf Minuten Gespräch will er hinausgehen, steht vor der Wohnungstür und es fällt ihm plötzlich ein: „Ich habe die Tür NICHT abgeschlossen …!?" Für einen normalen Menschen nicht nachvollziehbar, für Menschen mit Zwängen aber schon. Die Zwänge sind manchmal so sehr Teil des Lebens, dass es auffällt, wenn man sie einmal NICHT macht, weil es einem gut geht …

Nun, wie ich Dir schon sagte, Zwänge sind dazu da, um Ängste zu kontrollieren. Die Ängste würden sonst zu groß und man könnte sie nicht mehr aushalten. Also Kontrolle der Angst. Deswegen mache ich manchmal Dinge im Rhythmus 3x, 7x, 3x, 7x usw. Aber davon will ich jetzt gar nicht weiter erzählen.

Du kannst Dir auch dienstags um 22.15 h auf RTL „Mr. Monk" anschauen. Eine Serie über einen zwanghaften Detective, der Ängste und Zwänge hat. Aber er hat auch eine geniale Seite, die ihm hilft, die schwierigsten Fälle zu lösen. Eben mit seiner Genauenhaftigkeit, Kontrolle und seinen Zwängen. Psychiater sagen, Menschen mit solchen Krankheiten sind manchmal sehr kreativ, was ihre „andere Seite" darstellt und sie mit ihrer Krankheit besser umgehen lässt. Das ist das Positive daran. ;-)

»Du hast ja mal gesagt, dass Du auch Zwänge hast. Ich hoffe, die sind nicht so krass lebenseinschränkend, wie bei den Leuten in der Reportage, mit fünf Mal Händewaschen,

E-Mail an eine Bekannte

fünf Mal Schalterumlegen, alles fünf Mal kontrollieren, drei Stunden vorm Schrank stehen und nicht wissen, was anziehen, oder gar nicht erst aufstehen, aus Angst vor dem Anziehen. Wow, das war wirklich heftig... Im Film kam auch rüber, dass das schwer behandelbar ist.«

Na ja, ich kann mein Leben leben, arbeiten, einkaufen, Wäsche waschen, kochen, putzen, weggehen usw. Also ich komme klar. Nur mit dem Alkohol habe ich Probleme. Klar, wenn ich manchmal nachmittags aufgrund von Zwängen 30 Mal eine Mail an den gleichen Empfänger schicke und der mich schon für blöd hält, dann greife ich zu einem „Frust-Bier", weil ich es nicht mehr aushalte. Der Alkohol wird mir irgend wann noch zum Verhängnis, wenn ich das nicht einschränke.

Zur Zeit versuche ich gerade, etwas zu ändern. Ich hatte einfach zunehmend den Eindruck, dass es auch mit meiner bisherigen beruflichen Tätigkeit zusammenhängt, das ich diese ganzen Macken habe. Nun ändere ich meine Art der Tätigkeit. Und schreibe. Diese Änderungen wirken sich aber auch einige Dinge im Alltag aus. Und wenn ich dann an mehreren Baustellen auf einmal arbeite, um Probleme zu lösen, dann komme ich schnell durcheinander und bekommt gar nichts mehr hin. Ich jedenfalls versuche, aus meinem eingefahrenen System der Ängste und Zwänge herauszukommen.

Betrachtungen zur Psyche

Ich komme mir manchmal vor, als sitze ich wie das Kaninchen vor der Schlange – angstgelähmt. Und meine Ängste, Zwänge, Symptome und Macken, die ein ganzes System sind, bilden diese Situation Schlange – Kaninchen ab. Irgendwie will ich raus aus diesem System. Und vieles hinter mir lassen und ablegen. Aber das greift eben auch so tiefsitzende Dinge wie meine ganzen Symptome an. Und da komme ich ganz schnell ins Trudeln, denn dies ist über die Jahre hinweg zu meiner „zweiten Natur" geworden.

Nun, wenn man etwas ändern will, dann sollte man so offen sein, dass man nicht einfach nur morgens anstelle Marmelade nun Nuß-Nougat-Creme isst. Nein. Das kann Jobwechsel (bei mir) bedeuten, bei Menschen in Partnerschaft Partnerwechsel, Ortswechsel, neue, geänderte Reiseziele als bisher, neue Interessen, Vorlieben, usw. Soll ich ehrlich sein? Ich habe mir die letzten Monate gesagt, ich will an diesen Dingen etwas ändern. Was sich dadurch in meinem Leben ändert, ist mir egal. Hauptsache, es geht mir besser. Ich war so offen, dass ich sogar sagte: „Okay, wenn ich aus diesem System raus komme, dann macht es mir auch nichts aus, wenn ich plötzlich feststellen würde, dass ich schwul bin ;-)". Ich bin es nicht, aber so offen habe ich mich eingestellt.

Na ja, ich werde sehen, wie ich weiter komme. Es ist ein harter Weg. Aber ich komme immer ein Stückchen weiter. Heute beim Essen und Bierchen trinken in einer Gaststätte

E-Mail an eine Bekannte

war es ähnlich. Wieder auf etwas Neues gekommen. Wieder eine kleine Änderung. Und so weiter und so weiter.

Liebe Grüße
Fritz

PS: Psychotherapeuten raten ihren Patienten in einer stationären Behandlung immer, mit tiefgreifenden Änderungen und Entscheidungen im Leben zu warten. Bis man sich wirklich im Klaren ist, was man will. Es können sich viele Änderungen im Laufe einer Therapie ergeben. Man will vielleicht seine Partnerschaft hinschmeißen, merkt dann aber, dass es daran gar nicht lag. Sondern man ändert einfach nur seine Einstellungen zum Partner. Also, es kommt viel in Bewegung, es ändert sich etwas und manchmal auch mit tiefgreifenden Folgen. Aber eigentlich immer drei Schritte vor und zwei Schritte zurück. Ausprobieren, Rückschläge, Verunsicherung, Unverständnis, wieder Ausprobieren, bis man sich mit EINER Änderung sicher ist. Dann kommt die nächste ... So wird es Dir vermutlich mit der Lösung für Deine Depression ähnlich gehen ...

Man kann es auch so sagen: Gott gibt Dir in Deinem Leben einige Aufgaben. Du hast auf Deinem Lebensweg einiges zu bewältigen. Meine Tante sagt immer, dass jeder sein Päckchen auf dem Buckel mit sich trägt. Du kannst kneifen und bildhaft gesprochen den Schwanz einziehen. Dann rennst Du Dein ganzes Leben damit herum und bewältigst gar nichts. Oder Du findest eine Lösung und änderst Dich. Und gehst befreit und mit anderen Einstellungen daraus hervor. Ich denke immer, dass es so auch Menschen ergeht, die Krebs diagnostiziert bekommen haben und bei denen eine von der Medizin unverständliche Spontanheilung einsetzt. Diese Menschen haben erkannt, dass der Krebs nicht das Problem ist. Sondern, dass in ihrem Leben etwas nicht stimmt. Sie stellen sich der Situation, entdecken die Probleme, versuchen sie zu lösen, indem sie ihr Leben ändern und können damit hoffentlich den Krebs besiegen.

Jetzt genug geschrieben, mein Spielfilm kommt, Dir einen schönen Abend.

Die Lösung meines Problems

Gott hat mir ein Geschenk gemacht. Das muss ich wirklich so sehen. Ich habe im letzten Jahr eine gute Beziehung zu meinem türkischen Lebensmittelhändler in meiner Straße aufgebaut. Er hat seinen Laden nur 200 m von meiner Wohnung entfernt. Da ich zur Zeit allein lebe und selbständig bin – mein Büro also in meiner Wohnung habe –, gehe ich Abends gegen 18 oder 19 Uhr noch gern auf ein Schwätzchen zu ihm in den Laden. Ich trinke dann mein Feierabendbier und schnacke mit ihm eine Weile. Er ist sehr nett, entgegenkommend und hilfsbereit. Wann immer ich mit einem Problem komme, versucht er mir mit Ratschlägen oder Hilfestellungen zu helfen. Meistens sind noch einige andere Stammkunden anwesend und der Abend wird dann für etwa eine Stunde sehr lustig. Abends bringt sein Vater oder sein Bruder ab und zu einen Topf mit Essen vorbei, da er selbst den ganzen Tag im Laden steht und sich nichts kochen dann. Der Inhalt des Topfes wird dann paritätisch an alle im Laden verteilt – soweit es reicht.

Zu Weihnachten machte ich mir Gedanken über diejenigen Personen, denen ich eine Kleinigkeit schenken wollte. Und auch über meine Kunden. Ich entschied aber, meinen Kunden dieses Jahr kein Präsent zu schenken. Stattdessen habe ich in einen Kaffeeautomaten investiert, den ich meinem Lebensmittelhändler geschenkt habe. Damit er seinen Kunden innerhalb von 10 Sekunden immer frischen Kaffee anbieten kann. Oder auch einen Cappuccino oder Caffè Latte. Er war zunächst ein wenig verstört über das Geschenk. Als Muslim kennt er es nicht, dass man sich an Weihnachten beschenkt. Er und seine Familie feiern eher an Silvester. Er fühlte sich daher beschämt und wollte das Geschenk nicht annehmen. Es hat mich harte Überzeugungsarbeit gekostet, ihn dazu zu bewegen, das Geschenk zu behalten und anzunehmen. Aber dann hat er sich gefreut. Im Gegenzug – ich vermutete es – beschenkte er mich an Silvester mit drei Kleidungsstücken. Das hat nun mich gefreut.

Aus diesem Kontakt – der zum einen freundschaftlich, aber auch geschäftlich ist – hat sich nun eine gute Beziehung entwickelt. Und für mich ergab sich nun unerwarteterweise folgendes: Ich stellte fest, dass er – was ich in meinem Leben nie erlebt habe – immer für mich da ist. Es gab im letzten Jahr Tage, an denen ich nichts zu arbeiten hatte oder es mir nicht gut ging. Ich war Mittags, Nachmittags und Abends bei ihm im Laden und schnackte mit ihm. Er war immer da. Er hat seinen Laden von montags bis samstags geöffnet. Erstaunlicherweise sagte er mir, dass ich ihn auch sonntags erreichen kann. Da ist er in seinem anderen Geschäft, das seine Frau und sein Bruder die Woche über betreiben. Dort ist eine kleine Wohnung dabei, in der sich seine Familie am Sonntag aufhält. Also sei er auch sonntags für mich da. Und die Krönung war für mich, als er mir beiläufig in einem Gespräch sagte: „Wenn nachts irgendwas passiert oder vorfällt,

Die Lösung meines Problems

Du kannst auch um 2 Uhr morgens bei mir anrufen. Jemand von der Familie geht immer ans Telefon!"

Also, ich musste feststellen, dass das, was mir immer fehlte, ich mir immer wünschte und woher meine Ängste und damit auch Zwänge kommen, mir mein Lebensmittelhändler bietet. Er ist immer für mich da. Diese Erfahrung hätte ich bei keinem Psychotherapeuten machen können. Denn diese sind nur zu fest vereinbarten Zeiten, wenn ich einen Gesprächstermin ausgemacht habe oder zu ihren telefonischen Sprechstunden, erreichbar. Wie sollte ich einen Therapeuten abends um 19 Uhr oder am Samstag Nachmittag erreichen? Das ist nicht realisierbar. Und somit kann ich diese Erfahrung auf diese Weise bei einem Therapeuten nie machen. Ich könnte nur wütend auf ihn sein, dass er eben nicht immer für mich da ist. Aber das hätte mich nicht weiter geführt.

Ich verstehe mich mit meinem Händler einfach gut und wir können gut miteinander reden. Ich mache somit die Erfahrung, dass immer jemand für mich da ist. Ob ich um 16 Uhr oder um 19 Uhr zu ihm gehe ... er ist da. Auch morgens um 10 Uhr ist er da. Und hört mir zu. Ich gebe ihm Tipps, mache ein wenig deutschen Behördenkram für ihn und helfe ihm oder seinem Sohn bei Computerproblemen. Er sagt mir dagegen etwas zu meinen Geschäften oder hilft mir bei Reparaturarbeiten in der Wohnung, indem er entweder selbst mit anpackt oder mir Handwerker vermittelt. Das Ganze geschieht in der Art, wie es früher vermutlich in Tante-Emma-

Läden ablief. Diese hatten über den Verkauf von Waren hinaus einen weitaus höheren Stellenwert. Sie waren Kommunikationszentren. Eine Sammelstelle aller Nachbarn. Ein Ort, an dem man sich austauschte, über den Vermieter lästerte und über die Politiker, wenn die im Stadtteil wieder etwas ändern wollten. Und an dem man sich manchmal auch über den bösen Nachbarn unterhielt. Man kannte sich und respektierte sich, auch über Länder-, Rassen- und Religionszugehörigkeiten hinweg. Man schnackte miteinander und trank Mineralwasser, Bier oder Jägermeister. Für manche Menschen war es auch der einzige Treffpunkt, zu dem sie gehen konnten, wenn sie schon berentet, alt und alleinstehend waren. Hier erfuhren sie kostenlos die wichtigsten Neuigkeiten aus ihrer Umgebung. Und der Inhaber des Geschäfts lieferte auch einmal einen Kasten Mineralwasser direkt in die Wohnung.

In der Serie „Dittsche – Das wirklich wahre Leben", in der der Comedian Oli Dittrich allabendlich und improvisiert zum Abend-Schnack in einem Imbiss in Hamburg-Eppendorf erscheint, kann man dies nachvollziehen. Gut, es ist eine Serie und Comedy. Aber wo anders kann man abends noch in Schlafanzug, Bademantel und Hausschlappen erscheinen als in seinem Grill-Imbiss an der Ecke, keine 50 Meter von der Wohnung entfernt? Wobei ich persönlich natürlich immer normal angezogen zu meinem Händler gehe.

Die Lösung meines Problems

Mir hat diese Erfahrung, dass immer jemand für mich da ist, den ich jederzeit rund um die Uhr anrufen, bei ihm vorbeischauen und ansprechen kann, ein Gefühl vermittelt, das ich nie gekannt habe. Es schafft ein „warmes" Gefühl im Bauch und gibt mir Vertrauen und Sicherheit. Und es hat schon ein wenig meine Ängste gemildert. Und damit auch die Zwänge. Natürlich weiß mein Lebensmittelhändler nichts von diesen Dingen. Das kläre ich mit mir allein ab.

Ich werde die nächste Zeit noch mit dieser neuen Erfahrung und diesem neuen Gefühl experimentieren und arbeiten müssen. Nur weiß ich, dass mir Gott da etwas geschenkt hat, das ich früher nie kannte und mir immer wünschte. Ich hoffe, das ich damit einige frühere Blessuren und Wunden von mir ausheilen kann.

Als ich die letzten Tage einen Termin außer Haus hatte und mit dem Auto unterwegs war, ließ mich dies alles eine ungewohnte Erfahrung machen. Das übliche Prozedere dabei war bisher, dass ich zu dem vereinbarten Termin vor lauter Angst nicht aus dem Hause komme, weil ja niemand da ist, der zuhause bleibt, auf mich wartet und wieder da ist, wenn ich nach Hause zurückkomme. Daraus hätten dann zahllose Zwänge resultiert, bis ich es dann ins Auto geschafft hätte und losgefahren wäre. Auch die Fahrt und die Abwicklung des Termins selbst wären wieder eine Qual gewesen.

Betrachtungen zur Psyche

Diesmal war es anders. Ich hatte im Kopf, „mein Lebensmittelhändler ist für mich da, er fährt sozusagen mit". „Und er ist immer noch da, wenn ich zurück komme." Ich könnte also nach der Rückfahrt direkt zu ihm stürmen und ihm die neuesten Dinge berichten. Ich hatte mehr Gewissheit, Sicherheit und Vertrauen. Ein völlig ungewohntes Gefühl.

Bei der Fahrt gelang es mir, viele Dinge, die ich sonst zwanghaft machte und bei denen ich mich an strikte Verhaltensabläufe hielt, anders zu machen. Anstelle zwanghaft die Fahrstrecken, die ich bisher gefahren war und kannte, zu fahren, fuhr ich einfach eine andere Strecke. Was sollte schon passieren? Ich kam genauso gut an. Auch die Rückfahrt verlief weniger zwanghaft und vorüberlegt. Übrigens, keine Bange, ich bin keine Gefahr im Straßenverkehr. Mein Auto beherrsche ich im Schlaf und die Zwänge spielen sich nur in meinem Kopf ab. Aber nicht in meinem direkten Fahrverhalten gegenüber anderen Verkehrsteilnehmern.

Aber diesmal konnte ich es entspannter angehen. Mit dem Gefühl in mir, „da ist jemand für mich da". Und ich konnte viele festgefahrene Dinge einfach einmal sein lassen. Bei der Rückfahrt kam mir der Gedanke, wenn das so weitergeht, muss ich vieles in mir „umschreiben". Neue Abläufe, neue Verhaltensweisen und neue Sicherheiten.

Zum ersten Mal in meinem Leben fuhr ich von meiner Wohnung – Punkt A – mit der Sicherheit, es ist jemand für

Die Lösung meines Problems

mich da, zu einem Punkt B, wo ich den Termin hatte, und dann zurück an mein Ziel oder meine Quelle – dem Punkt C. Ich sage nicht, dass ich „symptomfrei" fuhr. Auch bei dieser Fahrt hakten sich einige Dinge in meinem Kopf fest. Aber es war anders und gut. Und es war eine neue Erfahrung, wie ich sie nie zuvor erlebt habe.

Dies will ich die nächste Zeit ausbauen. Und wieder häufiger unterwegs sein und es wieder erleben. Und wieder. Und wieder. Was ich auf diesem Weg in dieser veränderten Situation alles noch erfahren werde, weiß ich nicht. Aber ich habe die Aussicht, dass ich vielleicht – wie in der Überschrift genannt – eine verspätete Lösung für mein Problem finde und nachreifen kann. Auch wenn es spät kommt. Und ich nicht weiß, wie der weitere Weg sein wird.

Da ich dieses Buch für Menschen geschrieben habe, die eine ähnliche Erkrankung haben und ähnliche Erfahrungen gemacht haben, ist dies sicherlich nicht weltfremd beschrieben und damit zu verstehen. Gesunde Menschen haben diese Erfahrung, die ich in letzter Zeit mache, in ihrer Kindheit erfahren und sind damit aufgewachsen. Für sie ist dies eine „Normalität" – die ich nicht kenne! Vermutlich stößt daher diese Beschreibung bei einigen Lesern auf Unverständnis, weil sie es nicht nachvollziehen können.

Aber aus diesen Gründen ist mir jetzt auch verständlich, warum kleine Kinder immer ihre speziellen Kuscheltiere mitnehmen, wenn sie länger außer Haus gehen. Das Kuscheltier ist das Pendant zur Mutter, die immer für sie da ist, „innerlich" mitgeht und immer dabei ist. Und auch da ist, wenn das Kind wieder nach Hause kommt. Das Tier ist somit das Äquivalent zur Mutter. Vermutlich ist es bei Erwachsenen ähnlich, wenn sie Halsketten mit bestimmten Anhängern, mit kleinen Abbildungen von geliebten Menschen oder Schlüsselbundanhänger mit sich tragen und damit dann „außer Haus" gehen.

Als ich vor 2 ½ Jahren einem Leitenden Stationsarzt in einer psychotherapeutischen Klinik, der mich vor Jahren behandelte, per Mail über meine mir mittlerweile bekannten Ängste berichtete und ihm damit meine damaligen Schwierigkeiten in der stationären Therapie in der Klinik erklärte, antwortete er mir per Mail: „Ihre kurze Zusammenfassung zu Ihrer Angst scheint mir sehr einleuchtend, wobei es dabei für mich eher um die Frage geht, wie Sie jemand innerlich dabei haben können." Dem kann ich aufgrund meiner jetzigen Erfahrung nur beipflichten. Mir war dieser Satz lange Zeit nicht zugänglich und verständlich. Den eigentlichen Sinn habe ich erst aufgrund der oben geschilderten Erfahrungen verstanden.

Daher denke ich, dass ich mit diesen Erfahrungen und Überlegungen auf einem guten Weg bin und ich werde dies weiterhin in dieser Richtung verfolgen. Vielleicht gelingt es mir tatsächlich, einige oder sogar viele meiner hartnäckigen

Die Lösung meines Problems

Symptome zu lösen und in eine andere, normale Verhaltensweise und ein anderes Empfinden umzusetzen oder zu ändern. Obwohl dies bei einigen meiner eingefahrenen Symptome, die schon leicht in eine psychotische Richtung gehen, sehr schwer wird, sie einfach gegen diese neue Erfahrung der Sicherheit, des Vertrauens und des Sich-auf-jemanden-verlassen-Könnens „auszutauschen". Aber ich muss es versuchen. Und damit weiterkommen.

Man nimmt immer jemanden „innerlich" mit, wenn man aus dem Haus geht. Man weiß es als Erwachsener meistens nicht mehr, weil die Zeit, in der man es zuerst erlebt hat, zu weit zurückliegt, man damit keine Probleme mehr hat und ganz selbstverständlich damit umgeht.

Es sei so viel gesagt: Wenn das Leben und Gott es gut mit einem meint, dass man Dinge, die man nie erlebt hat und nie erfahren durfte, nochmals im höheren Alter erfahren darf, um damit alte Wunden zu schließen: Dann seien Sie glücklich. Und danken Sie Gott!